Michaele Scherenberg • Karl-Heinz Stier

Das große Kartoffelbuch

Rezepte und Geschichten rund um die „tolle Knolle"

Mit über 220 deftigen Feinschmecker-Rezepten

Eichborn Verlag

Die meisten Fotos in diesem Buch stammen von **Petra Kerstan**.
Die Aufnahmen auf den Seiten 7, 26, 31, 35, 36, 73, 92 (beide), 135, 143, 150, 152, 155, 160, 169, 184,185 (oben) und 192 stammen von **Gerhard Weitkamp**.
Die Aufnahmen auf den Seiten 19 (Sorte "Agria") und 31 stammen von: **Kartoffelzucht Böhm**.
Die beiden Fotos auf der S. 172 stammen von **Gerd Waßner**.
Die beiden Aufnahmen auf der S. 183 stammen von **Heinz-Jochen Schlüter**.
Die Abbildungen auf den Seiten 17, 18, 19, 21 und 23 stammen von der **CMA**.
Alle übrigen Grafiken stammen aus dem Archiv des **Museums Veste Otzberg (Odenwald)**.

Die Deutsche Bibliothek – CIP-Einheitsaufnahme

Scherenberg, Michaele: Das große Kartoffelbuch.

Rezepte und Geschichten rund um die „tolle Knolle"/Michaele Scherenberg/Karl-Heinz Stier.

Frankfurt am Main: Eichborn, 2000

ISBN: 3-8218-1754-2

NE: Stier, Karl-Heinz

© Eichborn AG, Frankfurt am Main

September 2000

Koordination und Lektorat: Oliver Thomas Domzalski und Birgit Klein

Umschlaggestaltung: Christina Hucke

Satz und Layout: Britta Stephan

Lithographie: Richard Reisen Repro, Düsseldorf

Druck und Bindung: Fuldaer Verlagsagentur, Fulda

ISBN: 3-8218-1754-2

Verlagsverzeichnis schickt gern:

Eichborn Verlag, Kaiserstraße 66, D-60329 Frankfurt am Main

www.eichborn.de

Inhalt

Vorwort

Rin in de Kartoffeln …

Man kann sie kochen, braten, rösten, backen, reiben, zerdrücken, fritieren – die Kartoffel ist nach wie vor eines der liebsten Nahrungsmittel der Deutschen. Zwar hat die Eßleidenschaft bei den Bundesbürgern nach dem Zweiten Weltkrieg von Jahr zu Jahr abgenommen – dennoch, kaum eine Frucht über oder unter der Erde bietet so vielfältige Zubereitungs- und Kochmöglichkeiten, von den Geschmacksvarianten einmal ganz zu schweigen. Und sind wir ganz ehrlich: Überfällt uns nicht zuweilen so eine unerklärliche Sehnsucht nach dem Einfachen, dem Ursprünglichen, dem Natürlichen – weg von immer opulenteren und immer

komplizierteren Menüs? Die „tolle Knolle" weist Wege dazu, ob man sie zum Beispiel „ganz und haaß", also ganz und heiß genießt – wie es eine Tradition im Odenwald will oder als „Rohgereeste", garniert mit Zwiebel und Speckwürfelchen und sonst nichts drunter und drüber. Unser Buch zeigt auf, was sich Hausfrauen, Hobbyköche, Gastronomen und Prominente – jeder auf seine Art – alles an Kartoffelgerichten vorstellen können: Suppen, Vorspeisen, Hauptgerichte, Salate, Kuchen oder Desserts.

Wir wollen Ihnen aber noch viel mehr Wissenswertes und Originelles vermitteln:
– über die aufregende Vergangenheit der Kartoffel, bis sie endlich den Argwohn der Deutschen überwinden konnte,
– über die Bräuche und Mythen, die sich um sie ranken,
– über Erinnerungen, die mit der Kartoffel in der Krieg- und Nachkriegszeit verknüpft sind,
– über die gesunden Eigenschaften der Kartoffel, und darüber, daß sie absolut kein „Dickmacher" ist, wie immer wieder behauptet wird.

Dazu gibt es in diesem Buch

Tips zum Kartoffeleinkauf zu lesen und für die Lagerung der Knolle. Übrigens: Daß die „tolle Knolle" zur Schönheit und Pflege der Haut beiträgt, wer hat das schon gewußt?

Wir danken sehr herzlich Gerd Grein vom Museum Otzberg, Landrat Horst Schnur vom Odenwaldkreis, wo vor vielen Jahren die erste Kartoffel-Woche in Hessen ins Leben gerufen wurde, und den vielen hessischen Gastronomen, die ihre Rezepte beigesteuert haben. Unser Dank gilt aber auch den Landfrauen aus dem hessischen Land, die uns nicht nur bei der Auswahl der Rezepte geholfen, sondern auch mit wertvollen Ratschlägen zur Seite gestanden haben.

Mögen Sie, verehrte Leserinnen und Leser, auf den folgenden Seiten viel Hintergründiges, Interessantes, aber auch Amüsantes erfahren, das sie in Lust und Laune versetzt, die Kartoffel in ihrer mannigfaltigen Art, von ihren bekannten und vielleicht auch unbekannten Seiten wieder- oder gar neu zu entdecken.

Michaele Scherenberg und
Karl-Heinz Stier

Wie die Kartoffel zu ihrem Namen kam

„Grombirn" wird die geliebte Knolle ja mancherorts in Hessen genannt – was soviel heißt wie „Grundbirne". Andere nennen die Kartoffel auch gern „Erdappel", weil sie wie ein Äpfelchen an unterirdischen Sprossen hängt. Der eigentliche Name „Kartoffel" hat einen höchst luxuriösen Ursprung. Das Wort entwickelte sich aus „Tartuffel" oder auch „Tartüffel". Und diese Begriffe gehen aufs Italienische zurück, wo Kartoffelliebhaber ihre Knolle respektvoll „tartufo" oder auch „tartufolo" nannten. Sie meinten damit eigentlich die knollenartigen Fruchtkörper von Trüffeln, die ja ebenfalls unter der Erde wachsen.

Der Mensch und die Kartoffel

Die Kulturgeschichtsschreibung vernachlässigt sehr zu Unrecht die wichtigen erotisch-körperlichen Zusammenhänge zwischen Mensch und Kartoffel. Denn die kurze, bislang nur über wenige Jahrhunderte reichende Liebelei zwischen Knolle und Männern und Weiblein hat ihre durchaus prickelnde Seite. Sie erschöpft sich nicht in dem Ausspruch eines gierigen Essers vor dem Teller „Ich hab' Dich zum Fressen gerne", womit, sehr zur Enttäuschung der Tischpartnerin, der Nachbar schon einmal Sieglinde oder Saskia auf dem Teller meinen kann (der Jurist verbindet damit das – keinesfalls erotisch gemeinte – Bild des Mundraubs, da die intensivste Form des Ansichbringens die des Insichbringens ist).

Immerhin: die Gier des Mannes nach „ihr" kann sich auf beides richten. Das liegt am weiblichen Artikel, den beide zu bieten ha-

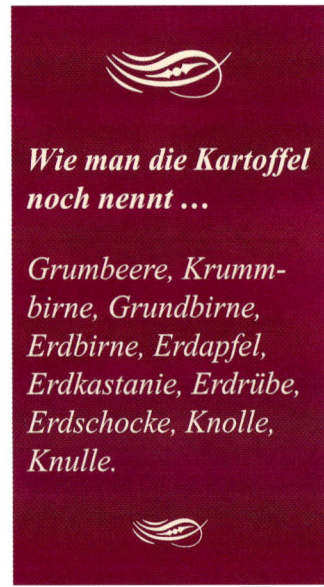

Wie man die Kartoffel noch nennt …

Grumbeere, Krummbirne, Grundbirne, Erdbirne, Erdapfel, Erdkastanie, Erdrübe, Erdschocke, Knolle, Knulle.

ben – und zwar jede auf seine Weise.

Umgekehrt wird das dann schon schwieriger – und meistens stürmischer. Nicht nur in älteren Beziehungs- und Ehejahren wird ihm mal ganz schnell an den Kopf geworfen, ob er etwa „Kartoffeln auf den Augen" habe. Das ist allerdings das beste Zeichen dafür, daß seine schönen Augen, die er ihr gemacht hat, an der Kursnotierung ihrer Herzensbörse derzeit schlechte Notierungen haben.

Und auch ganz entschieden dem sehr realen, praktischen Bereich gehört es an, wenn sie ihm wieder einmal vorhält, er trage Socken mit Kartoffeln drin. Das sind dann die bewußten Löcher an der Spitze oder am Haxen, durch die meistens eine weißgelbliche, bisweilen schlaffe oder mit Fettgeweben unterpolsterte Haut des älteren Liebsten hindurchschimmert. Vor -zig Jahren war das noch anders: Da sah man auf Sprinterfüße, auf wohlgeformte Fersen und auch sportlich einsetzbare Zehen.

Das gemeinsame Kartoffelessen hat – als Bild der Armut und der Not – solche Gedanken schnell vertrieben. Wer das Gemälde von van Gogh kennt, sieht geradezu vor sich die abgehärmten, bleichen Gesichter, die sich unter dem flackernden Licht eines Lampenkegels im Halbdunkel über Pellkartoffeln hermachen. Wir bemühen dieses Bild nur, damit wir das erotische Komplementärstück hervorzaubern dürfen: Er sitzt mit ihr auf einer Parkbank, und „davor" oder „danach" zieht er galant aus der Jacke eine Tüte mit Chips. Nichts – so sagt uns die Werbung – kräftigt ihn und sie zu so bedeutenden Anlässen mehr als der herzhafte Biß da hinein. Es kraschpelt und knuspert, und in der Atmosphäre prickelt es geradezu. Wir fühlen es, dieses Prickeln empfinden Menschen von Fleisch und Blut immer noch als anregend und aufre-

gend. Nicht wenige von uns aus der Generation der alternden Computerfreaks kehren dem freilich gelangweilt den Rücken und wenden sich ihrem "Apple" auf dem Desk zu. Der „Apple" hat zwar einen Speiseapfel zum Symbol. Sicherlich hätte aber die „Apple-Dynastie" auch einen Erdapfel gelten lassen. Denn ein Teil dieser Technologie verwendet er ohnehin.

Nur Unwissende bestreiten nämlich, daß der elektronische „Chip" von jenem abgeleitet ist. Und Kenner bestätigen, jedenfalls, daß den Freak bei diesem Wort ebenso eine Wallung überkommt, wie es die Knusperer auf der zitierten Parkbank erleben.

Prof. Dr.
Heinz-Christian Hafke

In manchen Kartoffeln meint man Menschen oder Tiere zu erkennen. Ruht hier nicht ein Seehund auf einem Stein?

Die spannende Geschichte unserer Kartoffel

Antoine Parmentier

Es begann in Südamerika ...

... denn dort nahm der Siegeszug der Kartoffel seinen Anfang. Archäologen stellten bei zahlreichen Grabfunden fest, daß die Kultivierung der Kartoffelpflanze bereits im 3. Jahrhundert nach Christus begonnen hatte. Aber erst als die Inkas in den Andenstaaten die Macht übernahmen, kam der eigentliche Aufschwung der Kartoffel: Sie verwandelten im 13. Jahrhundert trockene Gebiete durch Bewässerungssysteme in fruchtbare Felder.

Daß wir heute so viel über Anbau und Verwendung der Kartoffeln aus längst vergangenen Epochen wissen, ist einem Inka-nachkommen zu danken. Felipe Guaman Poma de Ayala beschrieb um 1600 in schwer lesbarem Spanisch, verziert mit eindrucksvollen Handzeichnungen, Anbau, Pflege und Ernte der Kartoffeln in seinem Bericht „Nueva Coronica y buen Gobierno". Zwischen 1529 und 1535 wurde das Inkareich durch die spanischen Konquistadoren unter Pizarro, Almagro und Quesada erobert. Getrieben von der Gier nach Gold und Silber, machten sie noch eine andere lohnende Entdeckung: Als sie von den Küsten des Stillen Ozeans über die Täler der Flüsse in das Landesinnere vordrangen, fanden sie die Kartoffel als Hauptnahrungsmittel der dortigen indianischen Bevölkerung vor. Noch im 16. Jahrhundert kam die Kartoffel auf dem Seeweg nach Europa, als ein regelmäßiger Schiffsverkehr eingerichtet wurde, um die erbeuteten Reichtümer aus den Bergwerken nach Spanien zu bringen. Die Kartoffeln wurden als wichtiger Proviant für die lange Seereise mit auf die Schiffe genommen. 1587 stellte der englische Seefahrer Thomas Cavendish fest, daß die Kartoffel das Hauptnahrungsmittel auf den spanischen Schiffen geworden sei. Etwas zeitverschoben gelangte dann die Kartoffel auch nach England.

Sir Francis Drake und Indianer mit Kartoffeln

Titelseite von Ayalas Kartoffel-Bericht

wichtigen Wirtschafts- und Ernährungsfaktor geworden. In der britischen Royal Society berichtete der Physiker Robert Boyle 1662, daß viele Tausende von Iren durch die Kartoffel einer schweren Hungerkatastrophe entgangen seien.

Kartoffeln als Luxusspeise …

… und als Mittel für Fruchtbarkeit!

Wenngleich die Kartoffel als Leckerbissen auch die fürstlichen Tafeln schmückte, so ging ihr doch vor allem weiter der Ruf großer „Wirksamkeit" voraus. 1601 schreibt der Botaniker Clusius: „Sie bläht – vor allem, wenn man sie roh isst." Er fügt

Kartoffeln – ursprünglich eine Zierpflanze

Und dann geht's ab nach Europa …

… und das gleich auf zwei verschiedenen Wegen.

Zunächst machte sie sich auf nach Spanien. Admiral Ciensa soll die Kartoffel von Südamerika nach Kastilien, ins Kernland spanischer Macht, gebracht haben. In der Nähe von Sevilla wurde sie später erstmals auf Feldern angebaut. Der zweite Weg der Kartoffel reichte von der Kolonie Virginia in Nordamerika ins englische Mutterland. Die Admirale Raleigh und Sir Francis Drake waren für den Transfer verantwortlich. Besonders Drake wurde für die Einführung der Kartoffel in Europa lange Zeit als „Wohltäter der Menschheit" bezeichnet und gefeiert.

Wenig später war dann der Kartoffelanbau schon zu einem geheimnisvoll hinzu: „Manche gebrauchen sie, um, Venus' zu erregen." Der englische Mediziner Tobias Venner lobt in seinem Werk „Der rechte Weg zum langen Leben" (1620) die Kartoffel

Mit etwas Geschick und einem scharfen Messer wird aus einer rohen Kartoffel ein Kunstwerk – Kartoffelrose aus dem Odenwald

überschwenglich, vor allem wenn sie in Asche gegart und in Wein eingelegt sei, „...which way is specially good". In der zweiten Auflage ergänzt Venner, daß die Kartoffel auch den Liebestrieb anrege. Die Suche nach immer neuen Ingredienzen, die zur Förderung der Potenz dienlich schienen, war ja gerade im galanten Zeitalter des Barock und Rokoko scheinbar ein beherrschendes Thema.

So preist der Engländer William Salmon Anfang des 18. Jahrhunderts „Kartoffelblut" (was auch immer damit gemeint sein könnte), vermischt mit Pastinaken oder Schwarzwurzeln, als probates Mittel gegen Schwindsucht, Impotenz bei Männern und die weibliche Sterilität. Der noch zu erwähnende Antoine Parmentier führt gar Ende des 18. Jahrhunderts die große Kinderzahl vieler Iren auf die vermeintlichen Eigenschaften der Kartoffel zurück.

So faßt die Knolle bei uns Fuß …

… und wird allmählich zum Grundnahrungsmittel

Entscheidend zur Ausbreitung der Kartoffeln in Südwestdeutschland haben schließlich die Waldenser beigetragen, die die Kartoffeln aus ihrer piemontesischen Heimat bereits kannten. Im Jahre 1699 ließen diese sich in Hessen in zahlreichen „Kolonien" nieder. 1701 brachte der waldensische Kaufmann Antoine Seignoret 200 Stück Kartoffeln nach Deutschland. Er ließ sie durch seinen Landsmann Henri Arnaud in Schönberg/ Württemberg vermehren. 1702 waren daraus 2000 Stück geworden, die an die Gemeinden der Waldenser verteilt wurden. Mit den Waldensern faßten die Kartoffeln auch Fuß in den neuen Ansiedlungen der Glaubensflüchtlinge in Hessen. Vermutlich waren sie auf den oftmals schlechten Böden, die die Waldenser zugeteilt bekamen, die

wenigen Gewächse, die wider Erwarten gut gediehen. Nicht zuletzt deshalb wurden die Kartoffeln so schnell populär.

Friedrich II. (1712–1786), der „Alte Fritz", hatte bei seinen Bemühungen, die Kartoffeln in seinen Landen einzuführen, zunächst nicht den gewünschten Erfolg. Obwohl er 1744/45 in einer großen Kampagne Setzkartoffeln kostenlos verteilen ließ, mußte er der Aufforderung per Dekret 1756 den nötigen Nachdruck verleihen. Reitende Beamte kontrollierten, ob der „Kartoffel-Befehl" auch treu befolgt und die verteilten Setzkartoffeln auch wirklich angepflanzt und gepflegt wurden. Als dann aber der Siebenjährige Krieg (1756–1763) großes Elend und eine Hungerkatastrophe über das Land brachte, gelang der Durchbruch der Kartoffel als Grundnahrungsmittel. Wurde sie vorher vielfach nur als Viehfutter verwendet, war sie nun oft das einzig Eßbare für die Menschen. Auch Franzosen und Russen lernten im Siebenjährigen Krieg die sättigende Wirkung der Knolle zu schätzen.

Die Kartoffel als Arme-Leute-Essen …

… war in Notzeiten die Rettung! Daß die Kartoffel allmählich auch vom „gemeinen Volk" entdeckt wurde, machte sie bei den Herrschaften wieder unbeliebter. War die Kartoffel nach ihrem Bekanntwerden in Europa zunächst eine Delikatesse auf den herrschaftlichen Tafeln – ähnlich den Trüffeln –, so wurde sie als Volksnahrung den Herrschenden suspekt. 1749 schreibt ein französischer Autor: „Leute eines gewissen Standes halten es für unter ihrer Würde, Kartoffeln auf den Tisch zu bringen." An anderer Stelle steht zu lesen: „Hier haben wir das schlechteste Gemüse, dennoch ernährt sich das Volk davon!"

Die Kartoffel wurde schließlich für weite Teile der Bevölkerung gerade in den schweren Zeiten der Mißernten und der damit verbundenen Hungerkatastrophen im 18. Jahrhundert zu einem „Überlebensmittel". Es

war also nicht der Wohlgeschmack der Kartoffel, sondern es waren ihre nahrhaften Eigenschaften, die sie endgültig populär werden ließen.

1757 hat die Kartoffel Frankfurt am Main erreicht und wird dort als beachtenswertes Nahrungsmittel genannt. Erst in dieser Zeit wird die Kartoffel auch in den hessen-darmstädtischen Landen eingeführt. Der Grund dafür war auch wieder die wirtschaftliche Not der Untertanen. Landgraf Ernst-Ludwig (1667–1739) und sein Nachfolger Ludwig VIII. (1691–1768) hatten durch ihre Jagdleidenschaft und aufwendige Schloßbauten ihr

Land in den finanziellen Ruin getrieben. Zudem brachten die Parforce-Jagden, die sich ihren Weg rücksichtslos durch Felder und Wälder bahnten, die Untertanen in arge Bedrängnis.

Zahlreiche Landeskinder wanderten nach Ungarn und nach Rußland aus. Landgraf Ludwig IX. (1741–1790), der bereits mit 22 Jahren die Regierungsgeschäfte übernahm, berief Friedrich Karl von Moser (1734-1798) als „dirigierenden Staatsminister" nach Darmstadt. Von ihm wurde erwartet, daß er die zerrütteten Staatsfinanzen in Ordnung brächte. Als umsichtiger und aufgeklärter Minister wußte er, daß die Konsolidierung der Staatsfinanzen nur mit der Hebung der Volkswohlfahrt einhergehen könne. Moser führte u. a. den Anbau des Klees und der Kartoffel ein. Seine Reformen brachten ein Mehrfaches an landwirtschaftlichen Erträgen und sicherten damit die Ernährung der armen Landbevölkerung.

Auch in den ärmeren Gegenden der oberhessischen Region bedeutete der Kartoffelanbau die Nahrungsgrundlage für die notleidende Bevölkerung. So berichtet ein Zeitgenosse im Jahre 1805: „Für manche Gegenden wurde es erst während der neueren Zeit möglich, eine beträchtliche Anzahl von Menschen zu erhalten. Wenn von der Zunahme der Bevölkerung in Oberhessen die Rede ist, so muß besonders die Einführung des

Die Enthaltsamen. „Wieviel Kartoffeln die Leute brauchen! Wir essen zu Mittag nicht mehr als zwei, drei Kartoffeln."

Kartoffelanbaues in Anschlag gebracht werden. Man behauptet von einigen am Oberwalde gelegenen Dörfer des Gerichts Burkhards, daß sich die Zahl der Einwohner während des achtzehnten Jahrhunderts fast in dem Verhältniß von 3 zu 5 vermehrt habe." Die Kartoffel war zuletzt das Hauptnahrungsmittel. Der bekannte Spruch stammt aus dieser Zeit:

„Kartoffeln in der Früh',
des Mittags in der Brüh',
des Abends im ganzen Kleid:
Kartoffeln in alle Ewigkeit!"

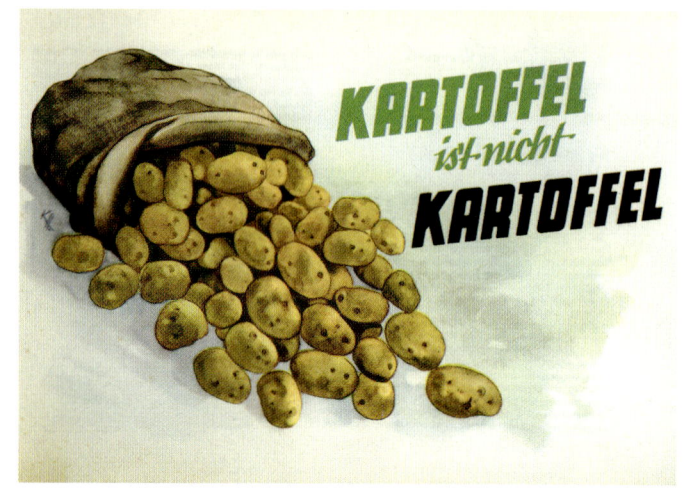

Kartoffelkrankheiten und Hungersnöte …

… brachten große Probleme
Die Ausbreitung des Kartoffelbaues und die segensreiche Auswirkung für die Volkswohlfahrt – Pfarrer May nannte die Kartoffel einen „sicheren Rettungsanker" – wurde gegen Mitte des 19. Jahrhunderts jäh unterbrochen. Bereits 1829 war ein nasser Herbst zu verzeichnen gewesen, „daß die Kartoffeln draußen blieben und erfroren. Die Leute standen auf Brettern, wenn sie Kartoffeln zu ernten versuchten, um nicht in der nassen Erde zu versinken…" Schlimm bestellt war es auch mit der Kartoffelernte in den Jahren 1845 bis 1847. Zu der Beeinträchtigung durch schlechte Witterung kam nun noch die „Kartoffelfäule" hinzu. Vielerorts wurden 1845 nur noch 50 bis 60 Prozent einer

mittleren Kartoffelernte erzielt. Schlagartig breitete sich die Kartoffelkrankheit überall in Europa aus: Trotz des regnerischen Wetters standen die Kartoffelpflanzen zunächst üppig da, sanken dann aber wie von einer Dürre betroffen braun in sich zusammen.
Die Knollen faulten im Boden und verbreiteten einen pestilenzartigen Gestank. Zeitgenossen machten verschiedene Faktoren für die Kartoffelfäule verantwortlich. Da man den Bau der Eisenbahn kritisch bewertete, glaubte man tatsächlich, daß der Dampf der Lokomotiven die Krankheit verursacht habe (nachzulesen im Bickenbacher Kirchenbuch). Dort wurde ja bekanntlich die Main-Neckar-Bahn vorbeigeführt. Doch schon bald erkannte man eine Pilzerkrankung als Verursacher, die um 1830 mit Kartoffeln aus Amerika eingeschleppt worden

war. Die Auswirkungen der Kartoffelkrankheit waren verheerend. Hungerkatastrophen waren abzusehen, und die hessische Regierung suchte nach Kräften dem entgegenzusteuern. So wurden vielerorts auf Befehl der Regierung Notmagazine mit Brotfrucht auf Gemeindekosten angelegt und die eingelagerten Kartoffelvorräte durch Vertrauensleute kontrolliert. Schließlich wurde Ende 1845 die Ausfuhr von Kartoffeln aus dem Großherzogtum Hessen untersagt.
Dennoch spitzte sich die Ernährungslage der Bevölkerung dramatisch zu. Dabei stieg die Hungerkriminalität erheblich an. In der Provinz Oberhessen wurden aus diesem Grund über 400 Personen zur Anzeige gebracht und ebenso viele wegen „zwecklosem Umherziehen", ein Delikt, das der Bettelei gleichzusetzen ist. Forst- und

Felddiebstähle nahmen überhand. Weit über tausend Fälle wurden bei den Behörden angezeigt. Die im großherzoglich-hessischen Staatsanzeiger verkündeten Gerichtsurteile beanspruchten viele Seiten, überwiegend wurden Vergehen wegen Landstreicherei und Diebstahl verhandelt und abgeurteilt. Vermehrt mußten auch Tötungen von Neugeborenen geahndet werden. 1846 wurde den Branntweinbrennern strikt untersagt, gesunde Kartoffeln anzukaufen und das Zuwiderhandeln unter strenge Strafe gestellt.

1846/47 wurden die letzten Kartoffelvorräte aufgezehrt: Aus Not und Hunger dachte man nicht an die Zurückhaltung der erforderlichen Saatkartoffeln. In Alsfeld und anderen Orten wurden dann Notmagazine für Saatkartoffeln angelegt, doch man mußte sie auswärts für teueres Geld einkaufen. So genehmigte der Kreisrat der Stadt Alsfeld 1847 eine Kapitalaufnahme von 1000 Gulden, die für den Ankauf von Setzkartoffeln für die Bedürftigen der Stadt notwendig waren. Es war keine geringe Zahl von Bedürftigen: Insgesamt 228 Alsfelder Bürger meldeten sich, die Setzkartoffeln für die Aussaat benötigten.

Kartoffelanbau gestern und heute …

… als Spiegel des Lebensstandards.

Der Kartoffelanbau in Deutschland erlebte bis zum Ersten Weltkrieg einen großen Auf-

schwung. Neben dem Brot wurde die Kartoffel zum wichtigsten Grundnahrungsmittel. Über 800 Kilogramm Kartoffeln wurden vor dem ersten Weltkrieg in Deutschland produziert – das waren umgerechnet pro Einwohner 2 Kilogramm täglich! In dieser Zeit baute man übrigens fast siebenmal mehr Kartoffeln in Deutschland an als in den gesamten USA.

Mit 35 Tonnen jährlich war Deutschland noch in den zwanziger Jahren weltweit der größte Kartoffelerzeuger. Aber obgleich die Knolle auch während des Zweiten Weltkrieges eine große Rolle für die Ernährung der Bevölkerung spielte, ging der Kartoffelanbau immer mehr zurück.

1932 produzierte Deutschland noch 85 Prozent seiner Kartoffeln selbst, 1946 waren es nur noch 40 Prozent. Mit dem Wirtschaftswunder der fünfziger Jahre ging der Kartoffelanbau weiter zurück. Aber noch immer ist die Kartoffel eines der wichtigsten Grundnahrungsmittel in Europa. Und das zeigt sich nicht zuletzt daran, daß die Vielfalt der Zubereitungsarten schier unerschöpflich ist!

Gerd J. Grein

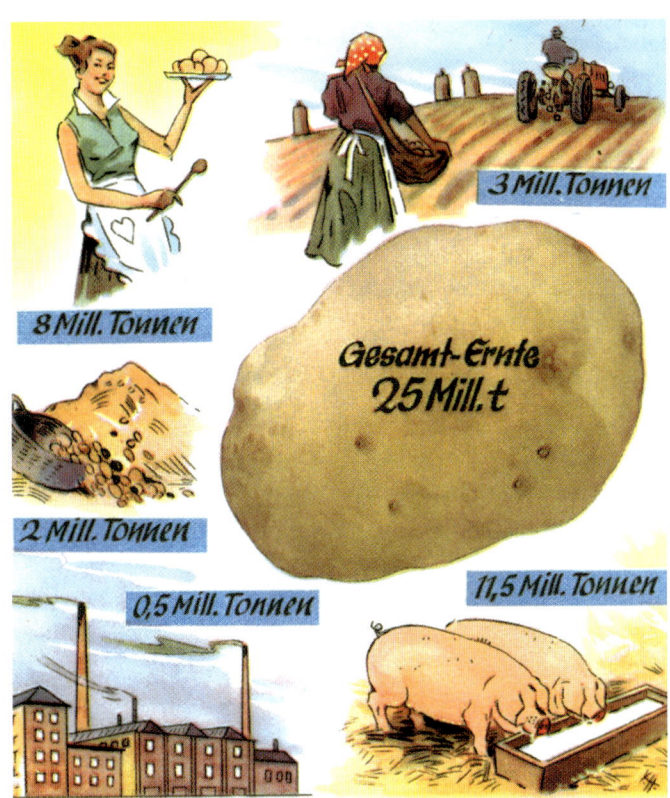

Was man in den 1950er-Jahren mit der Kartoffelernte anstellte ...

Loblied auf die Kartoffel

Von Ludwig Eichrodt

Herbei, herbei zu meinem Sang!
Hans, Jörgel, Michel, Stoffel!
Und singt mit mir das Ehrenlied
dem Stifter der Kartoffel.

Franz Drake hieß der brave Mann,
der vor zweihundert Jahren
von England nach Amerika
als Kapitän gefahren.

Europa sollte diesem Mann
auf allen seinen Auen,
wo es nur je Kartoffeln pflanzt,
ein gold'nes Denkmal bauen!

Salat davon, gut angemacht,
mit Feldsalat durchschossen,
der wird mit großem Appetit
von jedermann genossen.

Gebrätelt schmecken sie auch gut,
in saurer Brüh' nicht minder.
Erdbirnenknöpfe essen gern
die Eltern und die Kinder

Hat jemand sich die Haut verbrannt
und hilft kein Feuersegen,
so darf er auf die Wunde nur
Kartoffelschabsig legen.

Und welche Wohltat sind sie uns,
das Vieh damit zu mästen.
Und wieviel Sorten gibt's! Jedoch
Die gutsten sind die besten

Ein allgemeines Lob verdient
der würdige Franz Drake
vom Fürsten bis zum Bauersmann
ob seinem Wohlgeschmacke!

LOBLIED AUF DIE KARTOFFEL

Weise in der schwäbischen Fassung

1. Her - bei, her - bei zu mei-nem Sang, Hans - jör - gel, Mi-chel, Stof - fel, und singt mit mir das fro - he Lied dem Stif - ter der Kar - tof - fel. Hei - di, hei - da, Kar - tof - feln aus A - me - ri - ka, hei - di, hei - da, Kar - tof - feln in der Schal.

Heimliches und Unheimliches über Kartoffeln

Die Kartoffel scheint wahrlich auch eine gefährliche Knolle zu sein! Der Glaube, daß ihr Verzehr und Anbau Unglück bringen können, war früher weit verbreitet. Entstanden ist er sicher vor allem aus der Furcht vor Kartoffel-Vergiftungen. Wer nämlich grüne Kartoffeln oder die grünen Fruchtbeeren der Pflanze verzehrte, bekam quälende Bauchkrämpfe, wand sich oft vor Schmerzen oder wurde gar schwer krank. So bekam die Kartoffel auch den Beinamen: „Speichel des Teufels".

Die schlechten Erfahrungen mit grünen Kartoffeln nährten den Aberglauben. Zuviel Kartoffelgenuß – so hieß es in alten „Heilschriften" – führe zu Schweißausbrüchen, ja sogar zur Pest. In manchen Regionen wurde daraufhin der Anbau von Kartoffeln angstvoll verboten. In Schottland war zeitweilig der Genuß der Knolle sogar von der Kirche streng untersagt: Sie sei ein „Kraut des Satans", da sie nicht in der Bibel erwähnt sei.

Allerlei Aberglaube rankte sich um die Kartoffel. Viele versuchten an ihrem Wachstum Hinweise aus dem Jenseits über das Wohlergehen der Menschen ab-

zulesen: Wuchs auf dem Feld eine Kartoffelpflanze mit weißen Blättern, so nahm man dies als Zeichen dafür, daß es in der Familie bald einen Todesfall geben würde. Die Menschen pflegten diese Pflanze voller Inbrunst in der Hoffnung, daß die Blätter doch noch grün würden. Wenn dies dann tatsächlich geschah, so wurde nur mit schwerer Krankheit, nicht aber mit dem Tode gerechnet. Stellten die Landwirte an einer Kartoffelpflanze weiße Blätter mit einigen grünen Stellen fest, so deuteten sie dies als schwere Krankheit in der Verwandtschaft.

Vorsicht war auch beim Kartoffelsetzen geboten: Übersprang dabei einer der Feldarbeiter eine Reihe, so war zu fürchten, daß einer aus der Bauersfamilie sterben würde.

Die Kartoffelsorten

Im botanischen Sinne ist die Kartoffelknolle keine Frucht, sondern eine stark entwickelte unterirdische Sproßverdickung. Sie dient der Reservestoffspeicherung und als vegetatives, ungeschlechtliches Vermehrungsorgan.

Früchte der Kartoffel sind grüne Beeren, die aus weißen, rot- oder blauvioletten Blüten entstehen. In der Kartoffelzüchtung spielen Beeren ebenso wie die Blüten eine bedeutende Rolle. Will man zwei Sorten miteinander kreuzen, müssen beide blühen. Die Bestäubung erfolgt durch Übertragung des Blütenstaubes der einen Sorte auf die Narbe der anderen. Es bilden sich Beeren mit den kleinen Samenkörnern, aus denen der Züchter nach der Aussaat im Gewächshaus oder im Freiland Sämlinge anzieht. Jeder Säm-

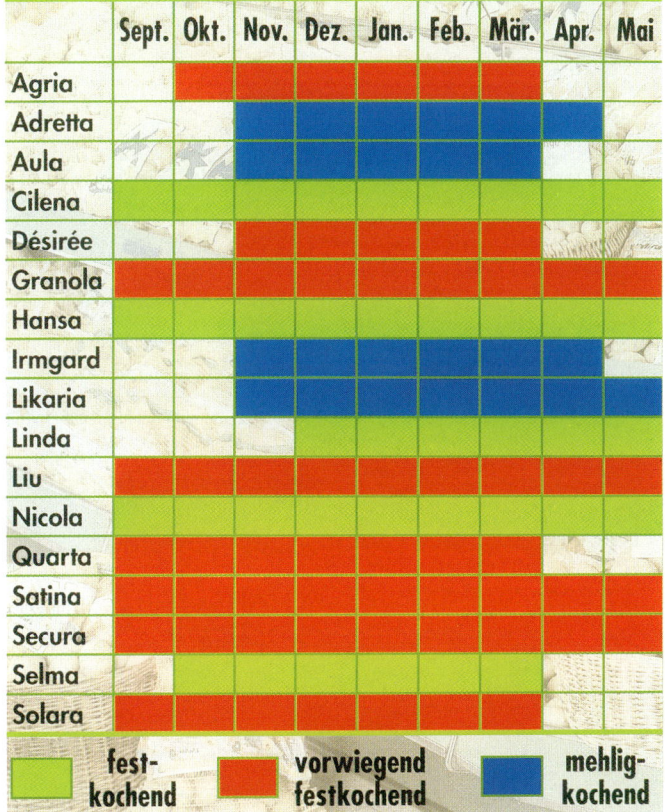

Guter Geschmack hat immer Saison

Auswahl deutscher Speisekartoffeln im Handel

	Sept.	Okt.	Nov.	Dez.	Jan.	Feb.	Mär.	Apr.	Mai
Agria									
Adretta									
Aula									
Cilena									
Désirée									
Granola									
Hansa									
Irmgard									
Likaria									
Linda									
Liu									
Nicola									
Quarta									
Satina									
Secura									
Selma									
Solara									

Legende: festkochend · vorwiegend festkochend · mehligkochend

chen 60 sind nicht alle minderwertig, sondern werden zu bestimmten Produkten verarbeitet. Dazu gehören zum Beispiel alle Kartoffeln, die tiefgefroren beim Händler zu kaufen sind oder Trockenprodukte wie Chips – in welchen Variationen auch immer. Man nennt diese Gruppe Veredelungskartoffeln. Darüber hinaus gibt es dann noch Stärkekartoffeln zur Herstellung von Stärkeprodukten, Industriekartoffeln, mit denen zum Beispiel Alkohol fabriziert wird, oder Futterkartoffeln – das sind die qualitativ schlechteren, die zur Fütterung von Tieren benötigt werden.

Selbst große Kartoffelfans fragen sich manchmal, warum es so viele Sorten gibt. Das hat natürlich damit zu tun, daß der Geschmack des Bundesbürger ja nicht überall gleich ist. So gibt es wichtige Geschmacksunterschiede in der bundesrepublikanischen Landschaft: Die Norddeutschen bevorzugen die festkochenden und die Süddeutschen eher die mehlig kochenden Sorten. Generell sind es jedoch vorwiegend die festkochenden Sorten, die aufgrund ihrer Vielseitigkeit den Markt beherrschen. In diesen beiden Kocheigenschaften ist die Sortenauswahl mit Abstand am größten. Wenn man noch bedenkt, daß die Sorten ebenfalls ihre eigenen Ansprüche an den Boden und an Reifezeiten haben, so wird die Kartoffelvielfalt bei den deutschen Anbauern verständlich.

ling kann Ausgangspflanze für eine neue Sorte sein, denn in seinen Eigenschaften unterscheidet er sich von seinem Nachbarn.

Als im 17. Jahrhundert die Kartoffel zum ersten Mal in Süddeutschland bekannt wurde, ahnte niemand, wie viele Arten sich in späteren Jahrhunderten bis heute entwickeln würden.

Es ist kaum zu glauben, aber wahr: In Deutschland werden 160 Sorten registriert.

Davon sind nach Prüfung des Bundessortenamtes 110 Arten als Speisekartoffeln übriggeblieben, die nach Geschmack und Qualität in bestimmte Kategorien eingestuft, aufgelistet und damit zum Verkauf im Handel zugelassen sind. Die restli-

17

Wenden wir uns zunächst der festkochenden Kartoffel zu. Wenn auf der Zunge etwas zergeht, das eine feine, sahnige Konsistenz hat, dann ist es in der Regel der festkochenden Sorte zuzuordnen. Die traditionelle Salatkartoffel ist die typisch festkochende Sorte. Und dazu gehören unter anderem folgende Arten:

Cilena

Sie kommt bereits Anfang August auf den Markt und wird wegen ihrer schönen, länglichen Form, der ausgeprägten gelben Fleischfarbe und ihrer guten Konsistenz mit feinem, mildem, aromatischem Geschmack als Delikateß-Sorte bewertet. Gelagert hält sie sich sehr gut bis ins Frühjahr.

Hansa

Diese Sorte lieben die Norddeutschen. Ihr Vorzug liegt in der stabilen Speisequalität. Nach dem Kochen bleibt sie fest und hat einen nahezu fehlerlosen Geschmack. Ab September wird sie im Handel angeboten. Weil sie so gut lagerfähig ist, wird sie bis Juni des Folgejahres verkauft.

Linda

Ihre Knollen sind gleichmäßig und langoval, und die Fleischfarbe ist tiefgelb. Sie hat einen feinen, edlen Spitzengeschmack und hervorragende Speiseeigenschaften als Salz-, Pell- und Bratkartoffel. Diese Delikateß-Sorte erfordert viel Sorgfalt bei Anbau und Lagerung und ist für die ökologische Anpflanzung gut geeignet.

Nicola

Sie zählt zu den weitverbreiteten, gelbfleischigen Salatkartoffeln, die ab August reif werden. Diese Sorte hat eine sehr ausgeglichene Form und einen sehr guten, feinen Geschmack. Sie behält ihre gute Speisequalität im Winterlager und ist bis in den Februar aus der Vorjahresernte im Handel.

Forelle

Sie wird als Feinschmeckerkartoffel angesehen und kommt im August auf den Markt. Ihre Form: langoval mit flachen Augen. Ihr Geschmack: angenehm kräftig, kartoffelig. Im Aussehen ist sie gelbfleischig und gelagert gut haltbar.

Selma

Ihre Liebhaber hat sie in Bayern und wird dort Ende September mit ihren langen Knollen, glatter Schale und flachen Augen erwartet. Ihre geschmacklichen Eigenschaften werden bis ins Frühjahr hoch bewertet.

Sieglinde

Eine altbewährte und vom Handel hochbewertete Frühsorte. Sie behält beim Kochen ihre Form und ihre schöne gelbe Farbe. Ihr edler, feinmilder Geschmack und ein feiner Geruch haben sie als feste Salatkartoffel beliebt gemacht. Man kennt sie als Beilage zu anspruchsvollen Speisen auch insbesondere in der Gastronomie.

Die zweite Kochsorte ist die vorwiegend festkochende. Man nennt sie auch die Allround-Kartoffeln. Hier bieten die Kartoffelzüchter die größte Sortenvielfalt an. Mit ihnen kann man im Zweifel alle Gerichte herstellen. Sie sind etwas lockerer, bleiben aber auch noch fest beim Kochen. Geeignet sind sie für Eintöpfe, Blechkartoffeln, Folienkartoffeln, Rösti oder auch für Salz- und Pellkartoffeln. Hier sind folgende Sorten am häufigsten:

Liu

Sie hat rundovale Knollen mit genetzter Schale und gelbem Fleisch, hebt sich vor allem durch einen guten Geschmack hervor und wird deshalb unter den Sorten der östlichen Bundesländer seit jeher als Delikateß-Kartoffel eingestuft.

Cilena

Hansa

Nicola

Selma

Sieglinde

Agria

Grandifiola

Desiree

Quarta

Roxy

Aula

Agria

Eine im Geschmack gut ausgeprägte, langovale bis lange Speisekartoffel mit flachen Augen und einer gelben Schale. Sie ist gelbfleischig, kocht bei feiner Struktur etwas lockerer, zerfällt aber nicht. Die Sorte wird auch zu Pommes frites und Kartoffelspezialitäten verarbeitet.

Grandifolia

Sie wird von August bis Oktober geerntet. In Nordrhein-Westfalen und in Niedersachsen als Einkellerungskartoffel geschätzt, hält sie sich gut im Lager. Ihr herausragender Geschmack ist bei kräftig gelber Fleischfarbe sehr aromatisch und ausdrucksvoll.

Desirée

Eine rotschalige, hellgelb-fleischige Speisesorte mit großer Verbreitung, hoher Feuchtigkeit, gutem Geschmack. Sie wird überwiegend in Süddeutschland angebaut. Im Handel und auf den Wochenmärkten ist sie bis ins Frühjahr erhältlich.

Quarta

Die Liebhaber leicht mehliger, trockener Sorten schätzen den ausgeprägten aromatischen Geschmack dieser Sorte sehr. Im September reift sie und bringt schöne große Knollen. Sie läßt sich gut schälen, kocht gleichmäßig, ist von schöner gelber Farbe, bleibt nach dem Kochen fest und eignet sich als Grillkartoffel.

Roxy

Ihre Heimat: Niedersachsen. Eine langovale Knolle mit flachen Augen. Da sie sehr robust ist, kann man sie gut im Keller aufheben. Sie wird auch in Kleinpackungen verkauft und in Schälbetrieben gerne verwendet.

Impala

Eine sehr frühe Kartoffel, langoval bis lang mit sehr glatter Schale, bringt hohe Erträge und hat eine gute Sortierung. Ihr Fleisch ist gelb hat einen angenehm kräftigen Geschmack.

Und schließlich die dritte und letzte Kartoffelsorte: die mehligkochende. Wenn das Stück Kartoffel feinkörnig, vielleicht etwas zu trocken schmeckt, so handelt es sich bestimmt um eine solche Sorte. Für Soßen-Fans ist sie die ideale Kartoffel – für Klöße, Reibekuchen oder Püree gibt sie mit ihrem hohen Stärkegehalt die Garantie für das Gelingen dieser speziellen Kartoffelgerichte. Hier zwei Sorten dieses Typs:

Aula

Ihre besonderen Kennzeichen: große Verbreitung. Die Knollen sind besonders groß und bis ins späte Frühjahr gut lagerfähig. Beim Kochen springt sie leicht auf, ist aber nicht trocken, mit tiefgelber Fleischfarbe und einem milden bis kräftigen Geschmack.

Likaria

Bei ihr kommen die Liebhaber ausdrucksstarker, aromatischer Kartoffeln auf ihre Kosten. Auch sie hält sich lange im Winterlager und ist in den östlichen Bundesländern sehr beliebt

Nun wird immer wieder die Frage gestellt: Wie kann man die Kartoffeln nach ihrem Kochtyp unterscheiden? Bei der rohen Kartoffel ist es besonders schwer. Da kann folgender Test hilfreich sein: Man schneidet die Kartoffel halb durch und reibt die Flächen gegeneinander. Durch die Reibung bildet die austretende Stärke einen weißen Film. Je mehr Stärke sich bildet, desto mehliger kochend ist die Kartoffel.

Der Feinschmeckergaumen empfindet es als wohltuend, wenn die Kartoffel eine feste und keine wässerige Konsistenz hat. Deshalb haben die Experten des Bundessortenamtes eine Notenskala aufgestellt, nach der man die Kartoffeln diesbezüglich bewertet. Die Benotung erfolgt von 2 bis 9, die 2 ist also die höchste Note, die in Deutschland einer Kartoffelsorte zugesprochen wird. Sorten mit einem Geschmack über 5 geben die Tester des Amtes nicht mehr für den Verzehr als Speisekartoffel frei.

Und weil Kartoffel, wie wir gesehen haben, nicht gleich Kartoffel ist, hier noch zwei Hinweise: Das Gesetz teilt alle Kartoffeln in Handelsklassen ein. Sie unterscheiden sich nach Größe und Sortierung sowie nach dem zulässigen Anteil an Kartoffeln, die von der Qualitätsnorm abweichen. Es gibt die Handelsklasse „Extra" und Klasse 1. In beiden ist die Sondersortierung „Drillinge"

25–35 mm für lange und 25–40 mm für runde Sorten möglich.

Bekanntermaßen werden Kartoffeln zu verschiedenen Zeiten geerntet. Speisefrühkartoffeln (Juni/Juli) gelten als ausgesprochene Delikatesse. Man sollte sie möglichst bald nach dem Kauf verzehren. Bei den ganz frühen kann man die sehr dünne Schale mitessen. Auch die mittelfrühen Sorten (Mitte August bis September) sind zum baldigen Verbrauch bestimmt. Erst die mittelspäten bis späten Sorten (Mitte September bis Mitte Oktober) eignen sich zur Vorratshaltung.

Kartoffelsprüch'

*Steckt ihr mich im April
kumm ich wann ich will
steckt ihr mich im Mai
kumm ich glei*

*Wenn einer sich nicht entscheiden kann:
„Rin in die Kartoffeln –
raus aus den Kartoffeln"*

*Eine faule Kartoffel im Korbe
steckt viele gesunde an*

*Kartoffeln – ist der Bauern Sage –
Kartoffeln schmecken alle Tage!*

*Erst schält man die Kartoffeln,
dann reibt man sie …
(bezogen auf den Menschen …)*

*„Sie machen die Kartoffeln alle
Jahre kleiner", sagt die alte Frau.
„Als ich noch ein kleines Kind war,
waren sie viel größer!"*

*Kartoffeln mit Liebe schmecken
besser als Bratwürste mit Zank*

Kartoffeln und ihr „Innenleben"

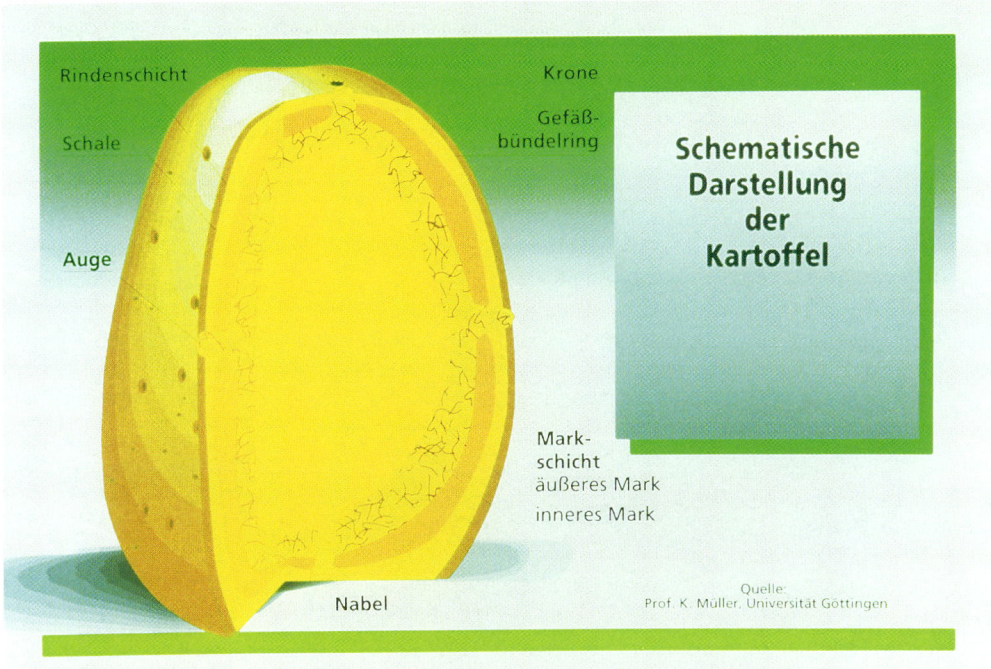

Rindenschicht
Krone
Schale
Gefäß-
bündelring
Auge

**Schematische
Darstellung
der
Kartoffel**

Mark-
schicht
äußeres Mark
inneres Mark

Nabel

Quelle:
Prof. K. Müller, Universität Göttingen

Alte Bauernweisheiten sagen, daß das Wertvollste der Knolle unter der Schale liegt und somit beim Schälen verlorengeht. Doch das stimmt nicht ganz. Nährstoffe, Vitamine und Mineralstoffe sind in der gesamten Kartoffel verteilt. Die Knolle wird also durch das Schälen nicht wertlos. Im Fleisch unter der dünnen Schale sitzt nämlich viel Nützliches.

Ein Schnitt (siehe Grafik) zeigt das geheimnisvolle Innere: Kranzförmig gehen die Markschichten des Kartoffelfleisches von innen nach außen ineinander über. Eine Verbindung führt zu den Augen, eine andere zum Nabel, wieder eine andere zur Krone. Die Schale schließlich schützt die Knolle vor dem Verlust wertvoller Inhaltsstoffe und vor dem Eindringen fremder Stoffe von außen. Augen sind Knospen oder Seitensproßanlagen, die sich sozusagen im Schlaf befinden. In Schale, Rindenschicht und Mark sitzt der Großteil der Nährstoffe.

Wer gesunde und wertvolle Nahrungsmittel schätzt, kommt um die Kartoffel nicht herum. Sie besitzt viele lebensnotwendige Inhaltsstoffe, die der menschliche Organismus nicht selbst herstellen kann, und wenig Energie. Deshalb ist die Kartoffel kalorienarm und nährstoffreich. Sieht man von den fast 80 % Wasser ab, so besteht sie zu über 15 % aus leicht verdaulichen Kohlenhydraten, zu 2,5 % aus Ballaststoffen, 2 % aus hochwertigem Eiweiß, über 2 % Vitaminen und Mineralstoffen und ist mit 0,1 % praktisch frei von Fett (siehe Grafik 2).

Die im rohen Zustand unverdaulichen Kohlenhydrate sind gekocht zu 90 % verdaulich, der

Rest sind zumeist Ballaststoffe. Sie können durch die Verdauungssäfte im Magen und Darm nicht abgebaut werden, binden Wasser und erhöhen damit das Volumen des Darminhaltes. So regen sie die Darmtätigkeit und damit die Verdauung an. Wer Kartoffeln nicht schält, sondern nur bürstet und die Schale mitißt, liefert seinem Körper noch mehr Ballaststoffe, die kalorienmäßig nicht ins Gewicht fallen, vom Darm aber freudig begrüßt werden.

Als Geheimtip der Kartoffel sind die 2 % biologisch hochwertiges Eiweiß anzusehen. Das Eiweiß ist vergleichbar mit dem in Fisch, Fleisch, Eiern und Milch. Kartoffeleiweiß hat die höchste biologische Wertigkeit aller pflanzlichen Nahrungsmittel. Tierisches Eiweiß und Kartoffeleiweiß ergänzen sich optimal. Wenn die Kartoffeln geschält werden, dann nur hauchdünn, damit möglichst viele Proteine erhalten bleiben.

Die Kartoffel ist also ein echter Mineralstoff- und Vitamin-Tausendsassa. Mit zunehmender Reife wächst der Gehalt, mit zunehmender Lagerdauer sinkt er. Die Kartoffel meint es auch gut mit den Zähnen: Besonders in der Schale enthält sie das Mineral Fluor, das die Widerstandskraft unserer Kauwerkzeuge erhöht. Beachtlich ist auch der Anteil an Magnesium, Kupfer, Eisen und Mangan. Magnesium benötigt der Körper unter anderem zur Aktivierung des Stoff-

Solanum tuberosum. [Frucht 6.7. Saame 8-10. Wurzel] Erdbirn.

Wußten Sie schon, daß...

... drei bis vier gekochte Kartoffeln pro Tag die Hälfte des Vitamin-C-Bedarfs decken?
... 200 g gekochte Kartoffeln uns mit einem Viertel des Tagesbedarfs an Kalium versorgen?
... die Kartoffel nur 0,2 % Fett in der Trockenmasse enthält und damit ein idealer Begleiter bei einer Diät ist?
... daß ein Erwachsener 3 Kilo Kartoffeln essen müßte, um den Energiebedarf eines Tages mit Kartoffeln zu decken?

wechsels und zur Verbesserung der Zelldurchblutung. Eisen und Kupfer sind für die Blutbildung unentbehrlich.

Das Gerücht, daß die Kartoffel ein „Dickmacher" sei, ist völlig falsch. 100 g Kartoffeln enthalten nämlich nur 68 Kalorien, das sind 285 Kilojoule. Im Vergleich sind das weniger Energie und mehr wertvolle Inhaltsstoffe als in Reis oder Nudeln. Zum Beispiel: Eine Portion von drei Kartoffeln – das sind rund 270 g – beinhaltet 184 Kalorien, 1 Portion Reis von 60 g dagegen hat 215 Kalorien oder die gleiche Menge Nudeln 207. Das Dickmachergerücht rührt aus früheren Zeiten, in denen Kartoffeln gerne mit fettreichen

und salzhaltigen Speisen auf den Tisch gebracht wurden . Dieses Image der Kartoffeln kann heute durch eine leichte, zeitgemäße Zubereitung korrigiert werden.

Entfernen sollte man vor dem Zubereiten jedoch die Keime; sie enthalten Giftstoffe. Noch gefährlicher sind die grünen Stellen, die sich auf der Kartoffel bilden, wenn sie zuviel Tageslicht abbekommen hat. Dabei entsteht der giftige Stoff Solanin. Beim Verzehr kann es zu Übelkeit und Magenstörungen kommen – vor allem bei Kindern. Deshalb sollten grüne Stellen an den Kartoffeln weiträumig herausgeschnitten werden.

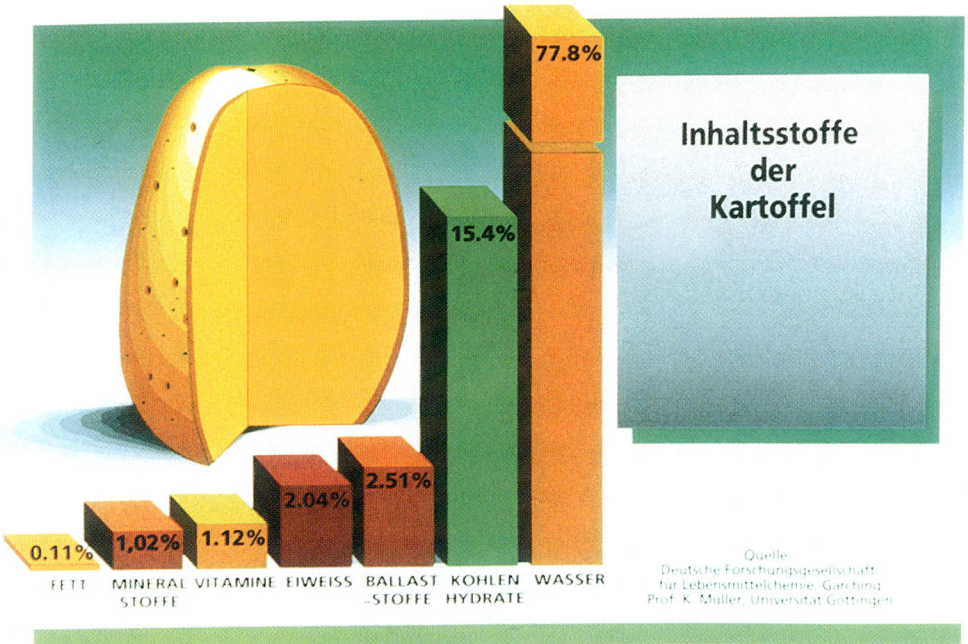

FETT 0.11% | MINERAL STOFFE 1,02% | VITAMINE 1.12% | EIWEISS 2.04% | BALLAST-STOFFE 2.51% | KOHLEN HYDRATE 15.4% | WASSER 77.8%

**Inhaltsstoffe
der
Kartoffel**

Quelle
Deutsche Forschungsgesellschaft
für Lebensmittelchemie Garching
Prof. K. Müller, Universität Göttingen

So gesund sind Kartoffeln

Schon die Medizinmänner der alten Inkas behandelten verschiedene Krankheiten mit Kartoffeln. Bei Kopfschmerzen, nach Knochenbrüchen, sogar bis hin zu Skorbut wurden sie angewendet. Aber auch heute noch helfen Kartoffeln nachweislich bei mancherlei Leiden:

Bluthochdruck
Erhöhter Blutdruck entsteht oft auch durch eine zu salzhaltige Ernährung. Die als extrem natriumarm bekannte Kartoffel ist hier die ideale Kost.

Gicht und Harnsäuresteine
Erhöhte Harnsäurewerte durch den Genuß von zuviel Fleisch und tierischem Fett können ausgeglichen werden durch die Kartoffelkost. Kartoffeln sind harnsäurearm.

Allergien
Auch Allergiker dürfen getrost zur Kartoffel greifen: Eine Allergie gegen Kartoffeln ist extrem selten.

Sodbrennen
Gegen Sodbrennen hilft ein morgens auf nüchternen Magen getrunkenes Glas voll frisch ausgepreßtem Saft von rohen Kartoffeln.

Übergewicht
Die Kartoffel entlastet und entschlackt.

Volksmedizin – nicht ganz erst zu nehmen

Früher stellte man mit den Kartoffeln so mancherlei an, um gesund zu werden oder zu bleiben:

Gegen **Kopfschmerzen** rieben sich manche die Stirn mit rohen Kartoffelscheiben ein.

Als Mittel gegen **Rheuma** galt es, eine Kartoffel so lange in der Hosentasche zu tragen, bis sie ganz und gar vertrocknet war. Wer noch sicherer gehen wollte, dieses alte Leiden loszuwerden, der band sich die rohe Kartoffel mit Schale um den Hals und trug sie dort ebenfalls so lange, bis sie ausgetrocknet war.

Gegen **Warzen** half es angeblich, sich mit Kartoffelschalen einzureiben. Die Schale mußte dann allerdings an einem Ort vergraben werden, wo weder Sonne noch Mond hinschienen. Ebensolchen Erfolg versprach man sich davon, wenn man nach der Warzenbehandlung die Kartoffelschale unter der Dachtraube verscharrte.

Chronisches **Bettnässen** behandelten Quacksalber mit gekochten Kartoffeln, die durch eine Quecke durchgewachsen war. Der Patient mußte den Kartoffelbrei essen.

Das Kochwasser der Kartoffel galt als probates Mittel gegen **Läuse**.

Kartoffel galten lange als probates Mittel gegen **Unfruchtbarkeit**: Auf einem Kongreß wurde sogar noch vor 30 Jahren Frauen, die sich einen Sohn wünschten, empfohlen, besonders viele Artischocken, Kastanien und Kartoffeln zu essen.

Kleine Kartoffeldiät

Pro Tag sind 150–300 g mit Schale gebackene, ungesalzene Kartoffeln erlaubt. Dazu sollte man über den Tag verteilt 6 Gläser Buttermilch trinken. Mit einer solchen Diät purzeln schnell die Pfunde, und das Wohlbefinden wächst. Wie bei jeder Diät sollte man natürlich vor einer längeren Anwendung seinen Arzt fragen!

Omas Kartoffel-Apotheke

Daß die „tolle Knolle" auch eine gute Erste Hilfe bei mancherlei Beschwerden sein kann, beweisen die erprobten Hausrezepte unserer Großmütter. Hatte einer aus der Familie Durchfall, rührte Oma ungesalzenen Kartoffelbrei an. Löffelweise gab's den für den jammernden

Kartoffeln machen schön!

Kartoffeln sind nicht nur ein rechtes Magenpflaster: Unsere Großmütter schworen darauf, daß rohe Kartoffeln den Teint erfrischen und die Falten wegzaubern können. Für alle Neugierigen, die diesen Tip aus alter Zeit selbst ausprobieren wollen: „Man nehme eine rohe Kartoffel, teile sie in zwei Hälften und reibe mit den Schnittflächen das Gesicht ein!" Gegen Krähenfüße hilft angeblich ein Mus aus geriebenen rohen Kartoffeln. Das Mus wird auf zwei kleine Stofftücher verteilt. Die Tücher zusammenfalten und 15–20 Minuten auf die geschlossenen Augenlider legen. Danach die Augen mit kühlem Wasser abwaschen. Die Haut nimmt Feuchtigkeit aus den Kartoffeln auf und glättet sich. Wollten die Mädchen in alter Zeit mit schwarzen Haaren glänzen, dann kämmten sie mehrfach das Haar mit einem Kamm, der in Kartoffel-Kochwasser getaucht war. Der Effekt wurde durch Sonnenlicht noch verstärkt.

Patienten zu schlucken, und Oma achtete sehr darauf, daß der Brei nur mit Wasser und nicht mit Milch gerührt war.

Bei trockenem Husten verordnete unsere Oma Kartoffelwasser. Sie süßte das ungesalzene Kochwasser mit Honig. Klagte einer über Bauchschmerzen oder Halskratzen, so füllte sie heiße, ungeschälte Kartoffeln in ein Leinensäckchen. Den warmen, prallen Sack legte sie auf die schmerzende Stelle. Solch ein wohliger „Kartoffelsack" hilft übrigens auch bei Husten vorzüglich. Der Sack wird breitgedrückt und auf die Brust des „bellenden" Patienten gelegt. Die Wirkung dieses Hausmittels ist verblüffend: Der Kartoffelsack tut gut, beruhigt und hilft auch meist recht schnell! Auch der „Kartoffelstrumpf" hat sich sehr bewährt: Wir hatten stets eine alte Socke im Haus, in den Oma bei Bedarf zwei heiße Pellkartoffeln füllte. Den ordentlich zugebundenen prall gefüllten Strumpf legten wir uns vorsichtig um den Hals. Vorsicht beim Nachmachen: Der Strumpf kann sehr heiß sein; besser ist es, sich noch ein Handtuch unterzulegen. Die Kartoffelsocke bereitete Oma mehrere Abende lang: und mit großem Erfolg! Der Leinensack oder der Kartoffelstrumpf halfen übrigens auch bei Stirnhöhlenkatarrh. Danach gab es für den Kopf reinigende Salz-

Dampfbäder. Auch der Naturarzt Dr. Kneipp empfahl seinen Patienten den heißen Kartoffelsack. Seiner Erfahrung nach half dieser bei Krämpfen, bei Hexenschuß und bei sogar bei Ischiasbeschwerden.

Auch als „erste Feuerwehr" hat sich die Kartoffel bewährt. Hatte sich eines der Kinder den Finger beim Naschen aus dem Topf verbrannt, so legte Oma rohe geriebene Kartoffeln auf die rote, schmerzende Stelle. War der Brei abgetrocknet, wurde die Prozedur wiederholt. Dieser schnelle „Brandverband", der natürlich nur bei leichten Verbrennungen hilft, entzieht die Brandhitze und verhindert damit oft die schmerzenden und gefürchteten Brandblasen. Das gleiche gilt natürlich auch bei Sonnenbrand: Mit der Schnittfläche einer rohen Kartoffel über die schmerzenden Stellen streichen wirkt wirklich Wunder.

Bei Magenschmerzen frische Salzkartoffeln langsam zerkauen und herunterschlucken: Der warme Brei beruhigt die Magennerven, mildert Schleimhautentzündungen und Geschwüre.

Im Winter, wenn die Hände oft besonders rauh und aufgesprungen sind, hilft es, sie mit gekochten Pellkartoffeln einzureiben. Die Hände werden schnell wieder weich und geschmeidig.

Vom traditionellen Kartoffelbau

Die Kartoffel ist eine Hackfrucht. Eine sorgfältige und tiefe Bodenbearbeitung ist für ihr Wachsen und Gedeihen „das A und O". Damit sich die Pflanze entwickeln kann, muß man bei der Bodenbereitung eine „Krümelstruktur" herstellen. Damit wird der Boden durchlässig für Wasser und Luft und kann sich besser erwärmen. Ebenso wichtig ist eine ausreichende Bodendüngung, denn gerade die Kartoffel braucht besonders viel Nährstoffe für ihr Gedeihen.

Zur Aussaat der Kartoffel nimmt man nicht die Samen, sondern die Knollen. Um möglichst reiche Ernte zu erzielen, ist es wichtig, qualitativ ausgewählte Saat- oder Setzkartoffeln zu wählen. Als Saatkartoffeln wurden früher gerne besonders große Kartoffeln ausgesucht, die man in kleinere Stücke zerschnitt. So ergab eine Kartoffel zwei bis drei Setzlinge.

Zur Keimung benötigt die Kartoffel genügend Wasser, Sauerstoff und eine entsprechende Temperatur von 8 bis 19 Grad. Die jungen Triebe entwickeln sich aus den Knospen, die in den Augen der Kartoffeln liegen. Aussaat, Pflege und schließlich die Ernte der Kartoffeln waren im 19. Jahrhundert noch eine ziemlich personalaufwendige Angelegenheit. Im Herbst mußte erst einmal das Feld fürs nächste Frühjahr vorbereitet werden. Dabei wurde der Mist untergepflügt. Wer sparsam mit dem Mist sein mußte, der legte ihn allerdings erst vor dem Legen der Kartoffeln in die Furchen. Kunstdünger kam erst im Esten Weltkrieg zum Einsatz. In Regionen mit Schafhaltung pferchten die Bauern zur Verbesserung des Bodens die Schafe auf dem künftigen Kartoffelacker ein. Im darauffolgenden Jahr konnte der Kartoffelacker dann bebaut werden.

Kartoffelerntepflugbau „Modell 1926 B" A. B. Brückner Babenhausen (Hessen).

Kartoffelerntepflug „Solid"
Deutsches Reichspatent Nr. 446080 und Nr. 446948.

Die Vorzüge meines Patent-Kartoffelerntepfluges sind kurz folgende:

Der Pflug arbeitet mit einem Pferd oder mit zwei Kühen mit sehr wenig Kraftaufwand auf leichtem und schwerem Boden.

Durch die einfache Bauart und die hierdurch bedingte Billigkeit des Pfluges ist es jedem Landwirt ermöglicht, sich diese Hilfsmaschine anzuschaffen. Sie macht sich in wenigen Tagen bezahlt.

Der Kartoffelerntepflug kann gleichzeitig als gewöhnlicher Ackerpflug verwendet werden.

Über die Leistungen des Pfluges berichten nachstehende Zeugnisse:

Zu beziehen durch:
Martini & Grimm
Flörsheim a. Main

Preis pro Stück 62.— RM. (ohne Vordergestell.)

Zeugnisse.

Ich bin mit der Vorführung des von Herrn Brückner gebauten Kartoffelerntepfluges voll und ganz zufrieden. Derselbe leistet gegenüber den bis jetzt bekannten Erntepflügen und -Maschinen das Beste. Ich habe deshalb für die kommende Ernte bei Herrn Brückner einen Pflug bestellt. Er läßt sich mit 1 oder 2 Pferden oder 2 Kühen leicht ziehen. Ich kann daher jedem Landwirt empfehlen, diesen Pflug anzuschaffen. **J. Ed. Debon, Mosbach.**

Ich bestätige hiermit, daß ich mit dem von Herrn Brückner bezogenen Kartoffelerntepflug „Solid" auf jede Weise zufrieden bin und kann denselben jedem Landwirt bestens empfehlen. **J. Ed. Debon, Mosbach.**

Herrn A. B. Brückner, Babenhausen. Ich bestätige Ihnen hiermit, daß der von Ihnen gekaufte Kartoffelerntepflug zur Zufriedenheit ausgefallen ist. Ich kann denselben daher nur empfehlen. **Jof. Münch, Schmiedemeister, Buchen.**

Ich Unterzeichneter bestätige hiermit, daß der von Herrn Brückner, Babenhausen, im vorigen Herbst bezogene Kartoffel-Ausmachpflug zu meiner vollen Zufriedenheit ausgefallen ist. Ich kann denselben jedermann nur empfehlen. **Beckenhaub, Beigeordneter, Klein-Umstadt.**

Mit dem von Herrn A. B. Brückner, Babenhausen (Hessen), gekauften Kartoffelerntepflug „Solid" bin ich voll und ganz zufrieden und kann denselben jedermann empfehlen. **Heinr. Schüßler, Hösbach.**

Mit dem von Herrn A. B. Brückner, Babenhausen gekauften Kartoffelerntepflug sind wir voll und ganz zufrieden und können denselben jedermann empfehlen. **Heinr. Lang, Heinr. Mensch, Zimmermeister, Stockstadt.**

Mit dem von Herrn A. B. Brückner, Babenhausen, zur Probe erhaltenen Kartoffelerntepflug bin ich in jeder Hinsicht zufrieden und habe denselben sofort käuflich erworben. Der Pflug leistet Hervorragendes und kann ich denselben nur empfehlen. **Ludwig Frank, Harpertshausen.**

Hopp de wopp Kartuffelsopp
Morje kemmt de Dante
mit de Ketz voll Lewwerworscht
En de Musikante

De ganz Woch em Galopp
De Sonowend get's
Kartoffelsopp
(mündliche Überlieferung
aus dem Knüll)

Pflanzzeit für die gängigen Kartoffelsorten waren schon immer die Monate April und Mai. Man legte die Setzkartoffeln erst, wenn der Boden schon erwärmt war. Eine zu frühe Aktion konnte durch einen plötzlichen Frühlingsfrost die Ernte gefährden. Für die Handsaat, wie sie früher überall üblich war, ging man meist zu zweit auf den Acker: Einer grub das Loch, der andere legte die Kartoffel ein, der erste deckte wieder zu. Das Legen der Saatkartoffeln war vor allem Frauenarbeit. Die Frauen bückten sich, der Mann lenkte aufrecht den Pflug. Die meisten Frauen nahmen die Saatkartoffeln im Sack auf den Rücken oder sie hängten sich einen Korb um den Hals. Bei der Handaussaat bis weit in unser Jahrhundert hinein benutzte man die blattförmige Rodehacke.

Schneller ging die Arbeit mit dem Häufelpflug oder dem Markeur: Der von einem Zugtier gezogene Markeur grub über Kreuz Rillen. An den Kreuzungspunkten wurden die Kartoffeln gelegt und eingetreten. Danach deckte man die Reihen mit dem Häufelpflug zu. Ohne Hilfe eines solchen Markeurs konnte man die Rillen auch etwas umständlicher mit dem Häufelpflug ziehen.

Damit der Keimling genug Sauerstoff bekommt, darf die Setzkartoffel nicht zu tief gelegt werden. Die Pflanztiefe richtet sich dabei nach der Bodenbeschaffenheit. Bei schweren Böden werden die Setzlinge höher gelegt als bei lockerem Boden. Als Faustregel gilt: zwischen 5 und 10 cm Tiefe. Während man in der Frühzeit des Kartoffelanbaus die Saatkartoffel ungeordnet in den Boden einbrachte, erkannte man bald, daß für die Entwicklung bestimmte Mindestabstände sinnvoll und notwendig waren. Günstig hat sich ein Abstand von 60 bis 65 cm zwischen den einzelnen Reihen und 30 bis 40 cm innerhalb der Reihen erwiesen.

Während der Reifezeit mußte der Kartoffelacker immer wieder per Hand bearbeitet werden. Der Kampf galt dem Unkraut, das den Kartoffelpflanzen Platz und Nährstoffe streitig machte. Außerdem brauchte der Boden Lockerung. Bei der Kartoffel gilt: Luft und Feuchtigkeit muß an das Saatgut gelangen, besonders dann, wenn die ersten Kartoffeltriebe aus der Erde sprießen.

Pflug, Egge und Hacke waren früher auch wichtige Geräte im Kampf gegen das Unkraut. Wenn sich die Kartoffelpflanzen entwickelt hatten, durchfuhr der Bauer noch einmal das Feld mit dem Pflug und häufelte die Kartoffelpflanzen an. Nach drei, vier Wochen wurde die Prozedur noch einmal wiederholt. Waren dann aber die Kartoffelblätter groß genug, dann behinderten sie selbst das

Wachstum der Unkräuter. Erntezeit waren die Wochen von Juli bis Oktober. Die ersten Frühkartoffeln, auf die sich alle freuten, kamen schon nach Jakob (also nach dem 25. Juli). Wieder wurde das Feld durchgepflügt. Diesmal aber wurden dabei die Kartoffeln aus den Beeten herausgeackert. Für das Ausheben der Kartoffeln war der zwei- oder dreizinkige Karst oder die vierzinkige Gußstahljäteharke üblich, die bei uns auch „Krappe" genannt wird.

Teilweise steckten die Kartoffeln noch im Boden und mußten mit der Hand gesucht und herausgeklaubt werden. Kartoffel-Lesegeräte kamen in den meisten Dörfern erst nach dem Zweiten Weltkrieg auf. Eine gewisse Feldgröße mußte ein Bauer schon haben, damit sich die Maschinen rentierten. In den dreißiger Jahren kamen dann die ersten Kartoffelroder mit Bodenantrieb auf. Diese überall bestaunten Kartoffel-Erntemaschinen hoben die Erde mitsamt der Kartoffeln an und schleuderten sie zu einer Seite. Der Schleuderroder vereinte also die Arbeit des Anhebens und Lockerns mit dem Pflug und das Ausgraben mit der Hacke in einer Maschine. Eine weitere Verbesserung brachten dann die Schleuderroder mit seitlich montiertem Fangkorb.

Vom Legen der Kartoffeln bis zur Ernte waren also früher viele Menschen nötig. Doch Arbeitskräfte gab es in der Familie und durch „gedungene" Arbeiter zunächst genügend. Erst in der

zweiten Hälfte des 19. Jahrhunderts machte sich die „Landflucht" bemerkbar.

Das war auch Anlaß für zahlreiche Erfindungen und Weiterentwicklungen von Maschinen, die Personal einsparen und die Arbeit erleichtern sollten. Nun richteten sich diese maschinellen Erleichterungen vornehmlich an landwirtschaftliche Betriebe mit entsprechenden Betriebsgrößen, die den Einsatz von Maschinen wirtschaftlich erscheinen ließen. In den landwirtschaftlichen Nebenerwerbsstellen, bei den „Feierabendbauern" wurden die überkommenen Anbaumethoden jedoch noch bis in die jüngste Zeit beibehalten.

Gerd J. Grein

Kartoffelzüchter

Wußten Sie, daß jedes Jahr in Deutschland zehn bis 15 neue Kartoffelsorten zugelassen werden? Hierzulande gibt es zehn Kartoffelzüchter, die solche neuen Kartoffelsorten auf den Markt bringen. Viele von ihnen sind in Bayern und Norddeutschland beheimatet.

Einer ganz in unsere Nähe dagegen ist Georg Böhm vom Kolbacher Hof in Brensbach im hessischen Odenwald. Zu seinem Hof gehören 75 Hektar Felder. Weil die Kartoffel aber nur alle vier Jahre auf dem gleichen Acker stehen darf, braucht man zusätzliche Vermehrungsflächen. Georg Böhm ist Gesellschafter bei der Kartoffelzucht Böhm, die in der Züchtergemeinschaft mit der Firma Nordkartoffel Zuchtgesellschaft mbH mehr als 8000 Hektar solcher Vermehrungsflächen in Deutschland hat. Böhms frühe, feine Salatkartoffel, die gelbfleischige, langovale „Sieglinde" ist mittlerweile eine Kartoffel-Legende. Weitverbreitet ist die mittelfrühe „Quarta", die man leicht an ihren roten Augen erkennt. Die Salatkartoffel „Linda" und die Speisekartoffel „Agria" sind neben den neuen Sorten, der rotschaligen „Rosella" und der hoffnungsvollen Sorte „Colette", nur einige wohlklingende Namen aus der langen Sortenliste des Kartoffelzuchtunternehmens Böhm. Begonnen hat der Landwirt Georg Friedrich Böhm

mit seine Versuchen auf dem Gebiet der Kartoffelzucht im Jahre 1900. Bereits 1909 äußerten sich die Fachleute begeistert über die Anbauversuche mit Böhms Kartoffelzüchtungen. Unter 20 Sorten brachte „Böhms Erfolg" mit 305 Doppelzentner pro Hektar den zweitgrößten

Ertrag und nahm im Stärkeertrag eine Spitzenstellung ein. Böhm errang in Knollenertrag und Stärkegehalt mit der Sorte „Vater Rhein" mit 302,5 Doppelzentnern pro Hektar den dritten Platz. Als fünftbeste Kartoffel folgte „Geheimrat Haas", als sechste im Ertrag „Hassia", als siebte „Schnellerts".

Schnell wurden die erste Hofreite und auch der Landbesitz im Odenwald viel zu klein für die Zuchtversuche. Bauer Böhm mußte sich Vermehrungsflächen in der Mainebene und in Thüringen beschaffen. Ohne je-

de staatliche Unterstützung entwickelte er seinen Betrieb weiter und arbeitete mit den Landwirten im Odenwälder Gesprenztal zusammen, die seine Züchtungen als Setzkartoffeln vermehrten und mit wirtschaftlichem Erfolg verkauften. Nach den ersten Erfolgen in der Kartoffelzucht widmete sich Böhm der Entwicklung züchterischer Mittel gegen Kartoffelkrankheiten. Besonders bei der Bekämpfung der Blattrollkrankheit war er erfolgreich.

Als das Familienunternehmen Böhm nach dem Zweiten Weltkrieg sein fünfzigjähriges Jubiläum feiern konnte, wurden auf 38 Prozent aller deutschen Kartoffelvermehrungsflächen und auf 45 Prozent aller Äcker in Westdeutschland, auf denen Kartoffeln angebaut wurden, Züchtungen der Familie Böhm verwendet. Zwei Millionen Zentner Saatkartoffeln gingen damals an die deutschen Bauern. In acht europäische Länder wurden Saatkartoffeln ausgeführt, was 50 Prozent der gesamten deutschen Zuchtkartoffelausfuhr ausmachte. Mittlerweile gehen die Züchtungen der Firma Böhm in die ganze Welt. Heute beschäftigen sich die Gebrüder Böhm nun schon seit vier Generationen als reines Familienunternehmen mit der Kartoffelzüchtung. Aufgrund der hohen Kosten hat man sich seit einigen Jahren zur Böhm-Nordkartoffel-Gruppe zusammengeschlossen und züchtet heute im bayerischen Kaltenberg, in der Lüneburger Heide und in Böhlendorf in Mecklenburg-Vorpommern.

Wie viele neue Sorten Böhm-Nordkartoffel jedes Jahr auf den Markt bringt, ist unterschiedlich. Zuletzt waren es diese vier: Die späte „Bolero", die frühen „Camilla" und „Vitara" und die mittelfrühe „Laura", eine vorwiegend festkochende Kartoffel, die im August/September reift. Von „Laura" verspricht sich der Odenwälder Kartoffelzüchter einiges. Nicht etwa deshalb, weil beim Namen „Laura" eines der Enkelkinder der Böhms bei der Namensfindung Pate stand, sondern weil es sich bei dieser Sorte um eine rotschalige Kartoffel handelt, die zum Beispiel in Ungarn oder in anderen südosteuropäischen Ländern gerne verzehrt wird.

Beim Kartoffelzüchten gilt es, viel Zeit, Geld und Geduld zu investieren: Von der Kreuzung bis zur Listeneintragung vergehen zehn bis zwölf Jahre. Das anschließende Prüfungsverfahren dauert zusätzlich drei bis

vier Jahre. In der Firma Böhm-Nordkartoffel werden jährlich rund 700 Kreuzungen mit einer Million Samen produziert. Das geschieht im Treibhaus, weil dort Temperatur und Feuchtigkeit regulierbar sind. Später werden ausgesuchte Samen ausgesät und zu Pflänzchen herangezogen.

Am Anfang wachsen etwa 250.000 solcher Pflänzchen in den verschiedenen Zuchtstätten der Böhm-Nordkartoffel-Betriebe. Sie werden von Jahr zu Jahr beobachtet. Besonderes Augenmerk liegt dabei natürlich auf den Knollen, die sich daran entwickeln. Der Züchter beurteilt Wachstum, Reife, Größe, Form, aber auch die Stärke-Prozente, Speisewert und Krankheitsbefall. Im dritten Jahr haben nur noch rund 6000 Stämme die strenge Prüfung bestanden, und auch diese reduzieren sich immer weiter auf schließlich zwei bis vier Sorten im zehnten Jahr. Es kann sogar Jahre geben, in denen der Zuchterfolg ausbleibt. Bevor dann eine neue Sorte auf den Markt kommen darf, schaltet sich das Bundessortenamt in Hannover ein. Voraussetzung für die Zulassung ist, daß ein züchterischer Fortschritt erkennbar ist. Außerdem muß die neue Kartoffelsorte in Konkurrenz zu den bereits existierenden Sorten einen Vorteil für den Verbraucher darstellen.

Besondere Berücksichtigung bei diesen Prüfungen finden Fleischfarbe, Konsistenz, Feuchtigkeit

und Mehligkeit, Geschmack und Kochdunkelung. Bei so strenger Prüfung kommt es auch vor, daß das Bundessortenamt der neuen Sorte die Zulassung versagt. Dann ist „außer Spesen nichts gewesen", wie Georg Böhm sagt. Dabei muß man bedenken, daß es um Beträge von etwa drei Millionen Mark geht – und dieser Betrag ist die Untergrenze!

Eine reine Formsache ist nach erfolgter Zulassung dann noch der Name der Kartoffel. Zwar macht der Züchter für seine Sorte Vorschläge, aber das Amt muß darauf achten, daß es nicht zu Doppelbenennungen kommt. Warum bei der Namensgebung sehr oft Frauennamen ausgesucht werden, dafür haben die Kartoffelzüchter allerdings keine plausible Erklärung. Es verhält sich wohl ähnlich wie mit der Namensfindung für neue Rosensorten – der Name ist wahrscheinlich auf persönliche Erlebnisse oder Vorlieben zurückzuführen. Ein Frauenname bei Kartoffeln mag dabei seltsam anmuten; allerdings sagt man ja auch gern – und das selbst zu Frauen: „Du bist a Mordskartoffel!"

Wenn eine neue Kartoffelsorte zugelassen ist, so ist damit freilich noch lange nicht geklärt, ob und wann sie sich in den Gaumen des Konsumenten einschmeichelt. Zwar sind Kartoffelzüchtung und Kartoffelprüfung in den vergangenen Jahren deutlich auf den Geschmack und auf den Verwendungszweck

ausgerichtet worden, doch ob sich die Neuzüchtung wirklich durchsetzt – das bestimmt allein der Verbraucher. Dabei setzt man natürlich auch auf Gespräche mit den Kartoffelbauern und den Kartoffelhändlern. Der Böhm-Nordkartoffel Gruppe sind von den etwa 160 in Deutschland zugelassenen Sorten mehr als 50 zuzuschreiben.

Für Georg Böhm ist eine neue Kartoffelsorte mit einem Auto vergleichbar, das als neues Modell auf den Markt kommt. „Hier wie da weiß man im vorhinein nichts über den Erfolg. Man kann ihn sich zwar wünschen oder erahnen, aber ob Auto oder Kartoffel Zuspruch, Anerkennung und Kaufbereitschaft finden, hängt nicht zuletzt davon ab, wie ausgereift die Eigenschaften sind und wie es um die Mundpropaganda steht." Bei der Kartoffel erweist sich zum Beispiel oft auch erst in der Praxis, ob sie „bauernresistent" ist, das heißt, welche Eigenschaften sie bei der Ernte hat, wie anfällig und verletzlich sie ist, wie sie sich schlechter Witterung ausge-

setzt verhält und vor allem in welche Bodenqualitäten sie gelegt wird.

Für seine neue Sorte „Laura" ist Georg Böhm allerdings eher zuversichtlich: Die dunkelgelbe Fleischfarbe, ein mittlerer bis hoher Knollenertrag, der hohe Anteil an Übergrößen und eine geringe Anfälligkeit für Viruserkrankungen lassen den Odenwälder Experten auf gute Resonanz hoffen. Schließlich hat er ja schon mit früheren Sorten gute Marktanteile eingefahren, wie etwa mit der Sorte „Ackersegen" in den vierziger und fünfziger Jahren und der „Sieglinde", die seit 60 Jahren zu den bevorzugten Sorten gehört. Mit den Sorten „Agria", „Cilena", „Solära", „Marabel" und der „Quarta" hält die „Kartoffelgruppe" heute einige der größten Sorten im deutschen Speisekartoffelsortiment.

Damit übrigens kein Mißverständnis bezüglich des Gesamtsortiments aufkommt: Jede neue Kartoffelsorte, die sich den Verbrauchern anpreist, ist höchstens für 30 Jahre zugelassen. Das führt dazu, daß über viele Jahre hinweg sich die Zahl 160 bei den zugelassenen Kartoffelsorten in der Bundesrepublik kaum verändert hat. Georg Böhm hat das so beschrieben: „Wenn eine neue Sorte ihren Weg nicht macht, also kein Selbstläufer wird, muß man daran arbeiten, etwas qualitativ Besseres zu entwickeln." Womit wir wieder beim Vergleich mit dem Auto wären…

Volksglaube beim Stecken der Kartoffeln:

Stecke die Kartoffel nicht im Neumond und auch nicht im zunehmenden Mond, sie „wächst sonst ins Kraut" und setzt keine Knollen an.

Montags ist ein schlechter Tag fürs Kartoffelstecken, da „werden die Kartoffeln madig".

Gut geraten dem die Kartoffeln, der sie am Gründonnerstag bei Vollmond steckt oder auch am Karsamstag.

Zeigen sich beim Stecken der Kartoffeln große Wolken am Himmel, so werden die Knollen sehr groß.

Nach dem Kartoffelstecken soll man sich ein wenig am Rande des Ackers ausruhen, „damit sich die Kartoffeln mit ausruhen können und reichlich Knollen tragen!"

Beim Kartoffelstecken gab es eine alte Zauberformel:
„Wir setzen drei Kartoffel' den Menschen zum Brot, den Mäusen zum bittern Tod!"

Wer wissen wollte, ob sich die Kartoffeln gut entwickeln, mußte das Wetter beobachten:
Eine reiche nächste Ernte steht angeblich bevor, wenn am Neujahrstag viel Schnee fällt oder in der Nacht nach Heiligabend viele Sterne am Himmel stehen.

Auch das Vorkommen vieler Maikäfer galt als Indiz für eine reiche Kartoffelernte.

31

Kartoffelzeit von „domols"

Ende September war's so weit,
im Odewald ist Kartoffelzeit.
Alle Familien, jedes Haus,
die hatten paar Kartoffel drauß.

Die Bauern domols – ohne Trecker –
die hotte große Kartoffeläcker,
de Reichtum wurde unnerdesse,
an de Kartoffelsäck gemesse.

De Schule konnt's merr net verwehre
im Herbscht, do gabs Kartoffelferie;
un alle Kinner, auch die böse,
die mußten dann Kartoffel lese.

Die Bauern hawe fest gerackert,
un die Kartoffel ausgezackert
mit Kuhgespanne oder Geil (Pferde):
Der Plugg ging ständig Zeil um Zeil.

Die arme Gasleit mit wenig Geld,
die zoche de Handwache uffs Feld,
mit Manne, Säck, mit Kascht un Hacke,
um die Kartoffel auszuhacke.

Gehackt wurd do in oner Reih,
sogar die Oma war debei,
vun lauter Bückes, sechs, acht Stunn
war owends dann de Buckel krumm.

Un nochmittachs, grad wie bestellt,
do kam de Kaffee dann uffs Feld.
Die Modder träicht die Kaffeekanne,
Brot und Latwäiche in de Monne,

die Kaffeekeppchen, net mäi nei,
un a die Keesmadde debei,
un alles sitzt mit Dreck un Speck
gemütlich uff Kartoffelseck.

Die Kinner mache unnerdesse,
Kartoffelfeier wie besesse,
Kartoffel kumme in die Glut,
die schmecke dann gebrode gut.
Der Raach, der zieht durchs ganze Daal,
denn Feier brenne üwerraal,

un dennoch war zu dieser Zeit,
die Umwelt besser noch wie heit.

Un owens spet, oft mit Laterne,
hört ma die Wäsche (Wagen) aus de Ferne,
vum Acker gäits dem Dorfe zu,
das Tagwerk findet soine Ruh.

Zufriede sitzt zu später Stunde,
die ganz Familie in de Runde,
en Hawe Dickmilch, kühl un frisch,
kimmt noch zum Esse uff de Disch.

Sin die Kartoffel mol im Keller,
hot ma im Winter was uffem Teller,
werd dann e Seijche (Schwein)
noch geschlacht,
viel Obst un Gummern oigemacht,
un is genüchend Brand im Haus,
dann hält man's üwern Winter aus.

Willi Weckbach, Odenwälder Original

Kartoffeln – gut gelagert

Kartoffeln einzukellern war früher in jedem Haushalt üblich. Manch einer erinnert sich noch an den Geruch der Kartoffelkeller, der gegen Frühjahr hin immer muffiger wurde …

Heute ist es uns ganz selbstverständlich, daß es rund ums Jahr Kartoffeln zu kaufen gibt. Kaum einer hat auch noch den Platz, Kartoffeln einzulagern. Nur noch in 17 Prozent der Haushalte werden die Knollen eingekellert – oft stammen dabei die Kartoffeln aus dem eigenen Garten. Wie lange die Kartoffel auch gelagert werden soll – ein paar Tage oder ein paar Monate – wer's richtig macht, kann die Knollen lange frisch und jung erhalten!

Kurze Lagerung:

Nach dem Einkauf die Kartoffeln sofort aus dem Plastiksack nehmen und in eine Papiertüte oder einen Stoffsack füllen. Wenn Kartoffeln nämlich nicht atmen können, schimmeln sie schnell. Die Knollen kann man im Gemüsefach des Kühlschranks gut einige Wochen lagern, vorausgesetzt, die Temperatur des Kühlschranks ist auf kleine Stufe eingestellt. Jedenfalls entwickeln sich hier weniger Keime als in der warmen Küche oder im geheizten Keller.

Lange Lagerung:

Für längere Lagerung ist die beste Qualität gerade gut genug! Nicht alle Sorten eignen sich zum Einlagern – vor allem muß man die Finger von Frühkartoffeln lassen! Am besten greift man zu späten, robusten Sorten. Alle Kartoffelsorten, die ab Mitte Oktober verkauft werden, halten sich bis zum nächsten Frühjahr. Aber ab Silvester fangen auch diese Kartoffeln langsam an zu keimen. Zum Einlagern eignen sich auch nur völlig unbeschädigte Kartoffeln: Sie dürfen keine Druckstellen haben, denn dort faulen sie am schnellsten. Außerdem sollte nur eine Sorte eingelagert werden: Verschiedene Sorten vertragen sich schlecht. Und in keinem Fall dürfen die Kartoffeln gewaschen werden, das würde ihre Lagerdauer erheblich verkürzen. Bevor die Kartoffeln in den Keller gebracht werden, sollten sie eine „Vorlagerung" durchmachen: Nach der Ernte lagert man die Knollen etwa 14 Tage lang außerhalb des eigentlichen Kellers. In dieser Zeit soll die Temperatur 15 Grad betragen, erst danach liegt die Temperatur im Keller deutlich darunter. Die Vorlagerung „verkorkt" die Kartoffelschale, dadurch wird der Wasserverlust erheblich herabgesetzt. Für die eigentliche Lagerung im Keller eignet sich am besten ein Raum, der kühl, frostfrei, trocken und dunkel ist. Die Kartoffeln werden auf etwa 40 cm Gesamthöhe auf einen Lattenrost geschüttet. Ein Lattenrost ist deshalb geeignet, weil an die Knollen von unten Luft herankommen muß. Niemals sollten die Kartoffeln direkt auf dem Boden liegen. Der Lagerraum muß vor allem bei feuchtkühlem Wetter regelmäßig gut durchlüftet werden. Wenn die Kartoffeln eingelagert sind, sollten sie nicht unnötig hin und her bewegt werden. Solches Bewegen fördert nämlich die Keimbildung.

Lagertemperatur:

Will man Kartoffeln längere Zeit einkellern, empfiehlt sich eine Temperatur von ca. 3 bis 6 Grad. Bei kürzerer Lagerung genügen 10 bis 14 Grad. Je höher die Raumtemperatur, desto schneller schrumpeln die Knollen und beginnen zu keimen. Dabei verlieren sie Nährwert. Solche Kartoffeln muß man zwar nicht wegwerfen, es sollten jedoch in jedem Fall vor dem Essen die Keime entfernt werden. Doch auch auf Kälte reagieren die Kartoffeln empfindlich: Bei einer Temperatur unter null Grad verwandelt die Kartoffel ihre Stärke in Zucker und die Knolle schmeckt dann unangenehm süßlich. Haben die Knollen doch etwas Frost abbekommen, dann hilft es, sie für einige Tage in einen normal temperierten Raum zu legen. Der Zucker bildet sich so in Stärke zurück. Ein weiterer Feind der Kartoffel ist das Tageslicht: Sie verfärbt sich nämlich grün. Diese Stellen schmecken nicht nur bitter, sie enthalten das giftige Solanin. Dieselbe Verfärbung bewirkt auch das Kunstlicht. Deshalb im Keller: immer Licht aus!

Und noch ein Tip aus der Hausfrauenküche: Kartoffeln machen ihren Winterschlaf am liebsten allein! Auf gar keinen Fall dürfen sie zusammen mit Obst gelagert werden – und am schlimmsten sind dabei die Äpfel. Das Aroma der Äpfel regt nämlich die Kartoffeln zum Keimen an. Die Kartoffel ihrerseits regt die Reifung von Äpfeln und Birnen an.

Die Knolle als Haushaltshelfer

Wer heute in seinen Putzschrank oder in die Putzecke schaut, hat manchmal schon Schwierigkeiten, den Überblick zu behalten. Da gibt es Mittelchen, um Silber einzureiben, um Gabeln zu tauchen, Flüssigkeiten, mit denen man die Spüle wienert, Metall blankrubbelt …

Und für jedes Material werden neue Pulver, Pasten und Tauchbäder angeboten. Ob man das alles braucht, sei dahingestellt. Früher mußte man ohne die Vielzahl der Helfer auskommen. Sicherlich macht es experimentierfreudigen Hausfrauen von heute Spaß, einmal die Tips von anno dazumal auszuprobieren:

* *Kupfer und Silber erhalten mit Kartoffelwasser neuen Glanz.*

* *Kartoffelkochwasser eignet sich hervorragend, um Eierflecken von Tischtüchern zu entfernen.*

* *Mit rohen Kartoffeln kann man verschmutzte Ölbilder reinigen! Der Staub der Jahre verschwindet, wenn man die Bilder mit einer halbierten Kartoffel abreibt. Mit der Schnittfläche behutsam über die Leinwand streichen. Hat die Kartoffelschnittfläche genug Schmutz aufgenommen, mit einer neuen fortfahren.*

* *Schwarze Kleidung, die tiefschwarz bleiben soll, in Kartoffelwasser waschen: Dafür rohe Kartoffeln nicht zu fein raspeln und mit reichlich Wasser vermischen. Danach das Kleidungsstück gut ausspülen.*

* *Schmutzige Thermoskannen, Vasen und Flaschen lassen sich mit Kartoffeln reinigen. Dazu rohe Kartoffeln reiben, mit Wasser vermischen und in die betreffenden Gefäße füllen. Gegebenenfalls über Nacht einweichen.*

* *Gegen Kellerasseln sind halbierte rohe Kartoffeln ein erprobtes Mittel. Die Asseln verkriechen sich in der Kartoffelscheibe. Erneuert man die Scheiben so oft wie möglich, ist man die Tierchen bald los.*

* *Welker Salat wird wieder knackig, wenn man die müden Blätter in Wasser legt. In das Wasser etwas Zitronensaft und einige rohe Kartoffelschalen geben. An einen kühlen Ort gestellt, ist der Salat schnell wieder frisch.*

* *Frische Fettflecken mit Kartoffelmehl bestreuen. Das Mehl saugt das Fett auf.*

* *Suppe versalzen? Mehrere Scheiben rohe Kartoffeln binden das Salz. Die Kartoffelscheiben können schon nach kurzer Zeit wieder aus der Suppe genommen werden.*

* *Zimmerpflanzen gelegentlich mit abgestandenem Kartoffelkochwasser gießen. Das gibt ihnen neue Lebenskraft.*

* *Um Kesselstein zu entfernen, rohe Kartoffelschalen im Kessel mit wenig Wasser ausgiebig auskochen.*

* *Verstaubte Gobelinmöbel mit heißem Kartoffelwasser behutsam abreiben: Die Farben strahlen wieder.*

* *Man sieht: Die Kartoffel ist außer als Gaumenschmaus auch zu allerhand anderem nütze!*

„Versteckte Kartoffeln"

Die Kartoffel ist wirklich ein vielseitiges Stück Natur!

Sie kommt uns schließlich nicht nur auf dem Teller entgegen, sondern überrascht uns in allerhand „Verkleidungen". Nur wenige wissen, daß die Verwendung von Kartoffelstärke und -alkohol in unserem Alltag schier grenzenlos ist. Die Vielzahl der Erzeugnisse aus der sogenannten Veredelungskartoffel reicht von Fritier- und Bratprodukten wie Chips, Sticks, Pommes frites und Puffer über Tiefkühlprodukte in vielfältigen Zubereitungsformen (Kroketten, Rösti und Klöße) bis hin zu Trockenprodukten, zu denen man Püree, Flocken, Granulat und Kartoffelmehl zählt. Bei der Gewinnung von Kartoffelstärke aus besonderen Stärkekartoffeln fällt wertvolles Eiweiß an, Stärkefraktionen wie Amylose und Amylopektine, Dextrine, Stärkeäther und -ester und zahlreiche Verzuckerungsprodukte, Glukosesirup, Dextrose und Maltose.

Bei Kartoffelalkohol denkt man meist an billigen Schnaps, selten daran, daß der Kartoffelalkohol auch Grundstoff ist für Veredlungsbrände sowie für Parfüme und Rasierwasser. Wer auf den Verpackungen von Nahrungsmitteln den Bestandteil „Stärke" liest, denkt kaum daran, daß in seinem feinen Pudding oder in Suppenpulver ein Kartoffelprodukt enthalten ist.

Tapetenkleister und Faxpapier sind ebenfalls „Kartoffel-Verwandte". Kommt ein Fax von der Rolle, ist die frohe Nachricht auf 80 Prozent Kartoffel gedruckt. Auch biologisch abbaubare Tragetaschen und Verpackungen werden immer häufiger aus dem regenerativen Rohstoff Kartoffel hergestellt. Die tolle Knolle ist eben nicht nur ein Labsal für unseren Magen, sondern auch ein universales Produkt in unserem Alltag!

Horst Schnur

Garzeiten

Pellkartoffeln je nach Größe:	*20–30 Minuten*
Salzkartoffeln:	*ca. 20 Minuten*
Dämpfkartoffeln:	*ca. 15 Minuten*
Backkartoffeln:	*ca. 60 Minuten*

Wie viele Kartoffeln für 4 Personen?

Pellkartoffeln, Salzkartoffeln oder Kartoffelbrei:	*1 kg*
Kartoffelsalat:	*700 g*
Kartoffelklöße:	*900 g*
Pommes frites:	*600 g*

Küchentips mit der Kartoffel

• *Sauerkraut und herzhafte Suppen lassen sich hervorragend mit rohen, geriebenen Kartoffeln abbinden.*

• *Alte Kartoffeln mit einem Schuß Essig oder etwas Zucker kochen. Sie schmecken dann wieder herzhafter!*

• *Eine Prise Zucker im Kartoffel-Kochwasser verbessert den Geschmack und hilft, das Vitamin C zu erhalten.*

• *Ein Schuß Essig, Zitrone oder Milch im Kochwasser hilft, daß die Kartoffeln hell bleiben. Milch verbessert auch den Geschmack der garen Kartoffeln.*

• *Fritierte Kartoffeln kann man nur warmstellen, wenn man sie nicht vorher salzt – sonst werden sie weich!*

• *Beim Kartoffelknödelkochen kann man das Garwasser mit etwas Speisestärke binden, dann klappt das Klößekochen bestimmt!*

• *Aus übriggebliebenen Knödeln kann man einen Knödelsalat bereiten – sehr lecker!*

• *Knödel stets im offenen Topf kochen. So kann man besser kontrollieren, daß das Wasser nicht kocht, sondern nur leicht siedet.*

Von der Liebe zur Bratkartoffel

Es gibt Kartoffelgerichte, um die macht man wenig Aufhebens: zum Beispiel um die Salzkartoffeln, den Kartoffelbrei oder die Pellkartoffeln, in Hessen auch „Gequellte" genannt. Sie sind in der Regel einfach zuzubereiten. Das mag auf den ersten Blick auch für die Erdäpfelspeise gelten, die man gemeinhin Bratkartoffel nennt. Doch weit gefehlt. Die Bratkartoffel hat eine ganz besondere Bedeutung, die auch vor dem Zwischenmenschlichen nicht haltmacht. Geheimnisvoll tuscheln vor allem Männer untereinander, wenn in der Stammtischrunde plötzlich das Wort Bratkartoffel auftaucht. Da werden die Ohren immer länger, die Augen immer größer, der Redefluß läßt sich kaum stoppen. Man tauscht Erinnerungen aus, wie die letzten wohl geschmeckt haben, wie sie von lieben Händen, mit unterschiedlichen Zutaten zusammengefügt wurden, und nicht zuletzt wird natürlich darüber diskutiert, WER sie denn so gut komponiert hat! Daß dabei dem einen oder anderen manch leich-

ter Seufzer entfleucht – wer mag das wem verdenken.

Männer, die ein besonderes Verhältnis zu Bratkartoffeln haben, sind schon eine eigene Spezies. Im allgemeinen gelten sie als besonnene Charaktere, als Männer mit Umsicht in allen Lebenslagen. Der Hang zur Bratkartoffel geht Hand in Hand mit einer „bedächtigen, lebensbejahenden" Grundhaltung, die alles Flatterhafte, Pessimistische, Obrigkeitsfeindliche ausschließt, wie ein gewisser „Jo" Anfang des 20. Jahrhunderts in der „Hannoverschen Allgemeinen Zeitung" schrieb. Wie dem auch sei: Der gerade Bürgersinn von Bratkartoffelessern steht außer Frage, denn über einen Teller mit dampfenden Kartoffeln gebeugt, entkrampft sich der Mann von des Tages Härte, vom Lärm des Zeitgeschehens – besonders, wenn jede einzelne Kartoffel,

von lieber Hand unentwegt in der Pfanne gewendet, einen goldgelben Schimmer erkennen läßt. Ob es einer wahrhaben will oder nicht: Es gibt eine bestimmte Zuneigung zu diesem Knollengericht, die in einer echten Leidenschaft münden kann. Andere sprechen in diesem Zusammenhang von einer Bratkartoffel-Philosophie. Man kann auch darüber rätseln, was das Besondere an den Bratkartoffeln ausmacht. Sicher ist: Es ist ihr Duft, es ist ihr Aussehen und es ist ihr Geschmack! Wenn sich alle drei Komponenten aufs schönste miteinander verbinden, dann ist höchstes Entzücken angesagt.

Fangen wir mit der Grundsubstanz an, mit der Kartoffel an sich. Schon hier trennen sich Weltanschauungen. Die einen kochen die Kartoffeln erst zu Pellkartoffeln und schneiden sie dann in schmale, flache Scheiben. Das geht leichter, denn der Wassergehalt der Knolle ist dadurch schon erheblich reduziert. Die anderen lieben es so, wie die Natur den Erdapfel schuf: Man entkleidet sie der Hülle und schneidet sie im rohen Zustand auf. Da hat sie noch fast alle ihre Qualitäten, ihre lebensnotwendigen Spurenelemente und Vitamine. Die Wassertröpfchen verdampfen im Fett, die Kartoffel haucht ihre Natur aus. Deshalb spricht man bei letzteren auch von „Rohgereeste", weil

---

Ein Lob dem „Bratkartoffelverhältnis"

Lieber Kartoffeln im eigenen Haus als ein fremder Bratenschmaus!

Wer die Kartoffel nicht ehrt, ist den Braten nicht wert!

---

sie sich roh geröstet am besten entfaltet.

Noch ein Wort zu dem Fett, in dem die Scheiben baden dürfen: Man kann für die Zubereitung – der Kalorien wegen – Margarine oder Pflanzenöl benutzen. Bratkartoffel-Feinschmecker kennen allerdings hier keine Kompromisse. Erlaubt ist gerade noch die zerlassene Butter. Am liebsten jedoch aalen sich die etwa vier Millimeter dünn geschnittenen Scheibchen im ausgelassenen Speckfett. Als Zugabe entsteigt der Pfanne ein Duft, der die Geruchsnerven der Nase aufs höchste beflügelt. Es versteht sich von selbst, daß die Speckwürfelchen, bevor sie mit den Scheiben in Kontakt kommen, erst einmal eine Zeitlang vor sich hinschwimmen, bevor sich die Kartoffelscheiben sich zu ihnen gesellen sollten.

Und wer den wunderbaren Duft noch verstärken will, dem sei geraten, dem Bratfett noch feingehackte „Zwibbelscher" hinzuzugeben. Dies ist am Ende eine Labsal für alle Geschmacksnerven. Beide Zubereitungsarten passen übrigens für das Anbraten von gekochten wie auch von rohen Kartoffeln. Und jetzt kommen noch Gewürze dran: natürlich Salz und, wer will, ein wenig Majoran oder Knoblauchpulver, fein gestreut über das ganze Bratwerk.

Wie lange die Scheiben mit Zwiebeln und Speck (statt Speck kann man natürlich auch

Bratkartoffel-Erinnerung

Früher wurden die Kartoffeln in Schweineschmalz gebraten. Man nahm aber auch Rapsöl oder Bucheckernöl dazu. Im Krieg, als Bratfett Mangelware war, wurden die Bratkartoffeln in Kaffeesatz aus Gerstenkaffee gebraten. Sie bekamen dann auch eine schöne dunkle Farbe. Die gut geschmälzten Bratkartoffeln standen oft mittags und abends auf dem Tisch, denn es galt schließlich viele Mäuler satt zu machen – und das möglichst preiswert! Durch die harte körperliche Arbeit war der Hunger groß.

Dörrfleisch nehmen) brutzeln müssen und wieviel Salz und Gewürze eingestreut werden – das kann man so genau nicht angeben. Es hängt zum einen von der Hitze ab (vor starker Hitze wird gewarnt, auch Kartoffelscheiben lieben es nur mollig und nicht zu heiß) und zum zweiten davon, wie oft das Ganze nun in der Pfanne gewendet wird. Jedenfalls dulden Bratkartoffeln keine Abwesenheit des anrichtenden Kochs oder der Köchin. Sie wollen ständig beobachtet, gedreht und abgeschmeckt werden.

Eines kann man freilich sagen: Wenn die Scheiben das Fett langsam in sich aufgesogen haben, dann beginnen sie, ihr Äußeres und Inneres zu verändern; sie verfärben sich goldgelb. Dann ist es meist Zeit, sie zum Mund zu führen und zu testen. Wenn sie noch fest sind und nicht sofort auseinanderbrechen – dann versprechen sie einen perfekten Genuß und es kann serviert werden. Und das „ohne weiteres": Kein drunter und drüber paßt dazu. Wer Bratkartoffeln wirklich lieben gelernt hat, verzichtet auf jede Beigabe, ob Fleisch, Fisch oder Gemüse. Wahrhafte Bratkartoffeln schmecken für sich allein, wenn sich Duft, Aussehen und Geschmack zu einem Kochkunstwerk gepaart haben. Es ist deshalb durchaus zu verstehen, wenn man mancher Köchin nachsagt, gerade wegen ihrer Bratkartoffeln gehe die Liebe durch den Magen.

Pellkartoffeln richtig zubereitet

Kartoffeln gründlich bürsten und mit kaltem Wasser aufsetzen. Pellkartoffeln sollen nicht im Wasser schwimmen: Nur so viel Wasser zugießen, daß die Kartoffeln knapp bedeckt sind. Etwas Salz und Kümmel zugeben. Das Wasser darf nun nicht zu kräftig kochen, denn Pellkartoffeln lieben es sanft! Sie wollen nur gedämpft werden. Am geringsten ist die Gefahr, daß die Pellkartoffeln zerfallen, wenn man sie in einem Dämpfeinsatz gart. Pellkartoffeln brauchen etwa 20 bis 30 Minuten. Sind die Kartoffeln gar, gießt man das Wasser ab und legt ein zusammengefaltetes Küchentuch über den Topf. Dann werden die Kartoffeln unter leichtem Rütteln auf der Herdplatte abgedämpft, bis sie trocken sind. Wer will, kann die Gequellten auch als „Geringelte" zubereiten: Dann wird vor dem Garen ein schmaler Streifen rundherum aus der Schale geschält, so daß die Ge-

Ganz aafach – Gequellte!

Manch einer meint, Pellkartoffel sei Pellkartoffel, und da könne man beim Kochen nichts falsch machen. Stimmt das? Na, dann schauen wir uns doch einfach mal um in verschiedenen Küchen:

Beim einen, da steht ein Kartoffel-Topf auf dem Tisch mit aufgeplatzten, halbmehligen Pellmännern. Die Schale hängt an ihnen wie ein alter, abgeschabter Mantel. Manche Kartoffeln sind zerbröselt, andere noch ganz. Und denen, die zuunterst liegen, steht das Wasser bis zum Hals.

Anders in der Küche nebenan: Da läuft einem doch schon beim Anschauen das Wasser im Munde zusammen. Anregend liegen sie nebeneinander und aufeinander. Zwar sind sie alle „noch im Hemd", doch an einigen Stellen leuchtet es goldgelb und vielversprechend hervor! Trocken und heiß dampfen sie vor sich hin – kein Tröpfchen Wasser mehr daran, der „Mantel" sitzt glatt und sauber am Kartoffelkörper und wartet nur darauf, abgepellt zu werden!

Wissen Sie jetzt, was richtige „Gequellte" sind?

schmacksstoffe von Salz und Kümmel besser in die Kartoffel einziehen können. Sie wird als „geringelte Gequellte" dadurch würziger.

Sollen die Pellkartoffeln noch eine Weile stehen und erst später verarbeitet werden, so schreckt man sie nach dem Kochen mit kaltem Wasser ab. So lassen sie sich leichter abziehen. Wer die Pellkartoffeln nicht am Tisch pellen möchte, der kann ihnen auch vorher in der Küche „das Hemd ausziehen" und die goldgelben Knollen in einer gut angewärmten, zugedeckten Schüssel zu Tisch bringen. Lecker schmecken abgezogene Pellkartoffeln auch als Schwenkkartoffeln. Dazu eigenen sich besonders kleine Knollen, die nach dem Pellen in einer Pfanne mit heißer Butter und gehackter Petersilie geschwenkt werden. Danach bestreut man sie mit Salz und noch einmal mit gehackter Petersilie. Wie auch immer Kartoffelliebhaber ihre Gequellten auf den Tisch bringen, eines ist sicher: Sie tun damit eine Menge für die eigene Gesundheit und die ihrer Gäste. Denn „im Hemd" gekocht behalten die Kartoffeln natürlich viel mehr Nährstoffe, als wenn man sie vor dem Garen schält. Außerdem bietet die Schale beim Kochen einen natürlichen Schutz, und der Abfall ist beim Pellen geringer als beim Schälen im rohen Zustand.

Gequellte mit Speckdunkes

Für die Speckdunkes wird Speck gewürfelt und zusammen mit gleich viel Zwiebeln in der Pfanne goldgelb geröstet. Zuletzt gibt man noch einen Eßlöffel Butter hinein. Die Pfanne mit der Speckdunkes wurde früher einfach mitten auf den großen Holztisch gestellt. Jeder konnte sich seine gepellte Kartoffel in die Pfanne drücken. Und wem's zu heiß war, der nahm die Gabel. In armen Zeiten, als der Speck rar war, nahmen sparsame Hausfrauen statt Speck Rüböl und brutzelten darin die Zwiebeln.

„Kartoffeln und Salz – Gott erhalt's"

Gequellte mit Butter

Köstlich schmecken die Gequellten auch nur mit Butter und Salz. Wer mag, kann die Butter auch mit Schnittlauch, Paprikapulver, gehackter Zwiebel und Pfeffer vermischen und dies auf die Gequellten streichen.

Gequellte mit Latwerge

In manchen hessischen Dörfern

Abnehmen mit „Dub-Dub"

„Dub-Dub" – das ist reinste Lautmalerei – es kommt von „tupfen".

Mit ein- oder zweimal wöchentlich „Dub-Dub" kann man richtig abnehmen und darf dabei sogar das sichere Gefühl haben, etwas für die Gesundheit zu tun.

Und so geht's: Gequellte (Pellkartoffeln) in einer Schüssel auf den Tisch stellen, dazu ein Tellerchen mit Salz und einen Krug klares Wasser. Nun werden die Gequellten mit dem Messer aufgespielt und ins Salz „gedubt", damit nicht zu wenig, aber auch nicht zuviel Salz an ihnen hängenbleibt. Dazu ab und zu ein Schluck klares Wasser – fertig ist die urige, sättigende und gesunde Mahlzeit. Und sparsam ist sie übrigens auch!

werden in der Zeit der Quetschernte die Gequellten in einer besonders eigenwilligen Kombination gegessen. Wenn in den großen Lattwergebottichen die Quetschelattwerge gerührt ist, gibt es Quellkartoffen mit Matte (Quark) und Quetschemus: Die heiße Pellkartoffel in die Hand nehmen und die obere Hälfte schälen. Nun die dampfende gelbe Knolle mit kühler Matte bedecken, mit etwas Salz be-

streuen und mit einem Löffel voll schwarzem Quetschemus krönen. Schmeckt ausgesprochen gut!

Gequellte mit Worschd

Ein Tip aus Rheinhessen: Zu Gequellten gibt es dort auf dem Land zum Abendessen oft frische oder geräucherte Leberwurst oder auch Leberwurst aus der Dose. Dazu schmecken heiße Gequellte, Essiggurken und Senf ganz köstlich. Wer's noch deftiger mag, der brät sich frische grobe Bratwurst in reichlich Schweineschmalz, schneidet sie in Scheiben und gibt sie wieder zurück in die Pfanne. Die Gequellten nun direkt auf die halb zerlassenen Wurstscheiben drücken. Hmm!

Gequellte mit Leinöl

Gekochte Kartoffeln pellen und mit einem Schuß Leinöl übergießen. Darüber kommen körniges Salz, gehackte Petersilie und feingeschnittener Schnittlauch: lecker, billig und gesund!

Und wenn nichts anderes da ist? Ja, dann schmecken die Gequellten auch nur mit Salz sehr gut. Früher sagte man dann gern dazu: „Heut gibt's Gequellte, Salz und e Häufche Elend!"

Ganz aafach: Gequellte und Matte

Es gibt Erinnerungen, die kann man schmecken. So wie die langen Kindersommer auf dem Land, wenn die Hitze über den ausgetrockneten Feldwegen stand, wenn die Mücken über dem Bach spielten und unter den kühlenden Zweigen der Weiden die Zeit endlos war.

Am Abend nach solchen langen wundervollen Sommertagen stand oft Matte mit Gequellten auf dem Tisch. Welch unaussprechlicher Genuß, mit der Familie um den blankgescheuerten Holztisch zu sitzen, in der Mitte die Schüssel mit der kühlen Matte und drumherum, von der Mutter aufs Tuch gekippt, die heiß dampfenden Gequellten! Wie oft verbrannten sich die Kinder die Finger beim Schälen, weil sie nicht warten konnten. Da wurde gelacht, gepustet, und dann steckte jeder seine goldgelbe Kartoffel in die herrliche weiße Matte in der großen Schüssel. Anfangs schien es, als könnte die Matte kein Ende nehmen, dann aber wurde sie immer weniger und jeder eilte sich, noch genug davon mit der Kartoffel aufzuditschen. Sauberer konnte auch ein Kätzchen die Milchschüssel nicht auslecken.

Unvergeßlich auch das Gefühl, sooo satt zu sein. Was für ein Gefühl, einen kleinen, dicken gefüllten Bauch zu haben und zu wissen: Der Sommer ist noch lang!

Die alte Anka erzählt:
Als ich ein Kind war im Schwälmer Malerdorf Willingshausen, da wurden bei uns die fertigen Quellkartoffeln immer in ein Wolltuch gepackt. Mutter legte sie in die oberste Kachel vom Kachelofen, so blieben sie warm, bis alle zum Essen gekommen waren.

Meine großen Brüder aßen besonders gern „Uwendeetschel": Das waren große Kartoffeln. Man schnitt sie längs in zwei Hälften und klebte – „dätschte" – sie mit den Schnittflächen an die heißen Kacheln des Kachelofens. Nach 20 Minuten waren die Kartoffelhälften gar und fielen von der Wand. Man ließ sie noch 10 Minuten auf dem Rücken liegen. Gar waren sie, wenn sie sich mit der Hand zusammendrücken ließen. Sie hatten eine knusprige Haut und schmeckten wunderbar. Dazu gab es „Duckfett": Mutter ließ Schweineschmalz mit Grieben auf unserem alten, holzbefeuerten Küchenofen aus. Dann warf sie kleingeschnittene Zwiebeln dazu und ließ sie darin bräunen. Etwas Mehl kam noch hinein, es wurde verrührt und mit etwas Wasser abgelöscht.

Diese gute, fette Soße kochte Mutter durch und stellte sie auf den Tisch. Ich kann mich gut daran erinnern, daß die Uwendeetscheln einfach auf den Tisch geschüttet wurden, und jeder von uns Kindern drückte seine knusprige Kartoffelhälfte selbst in die Pfanne mit dem Duckfett. Wenn kein Duckfett da war, dann aßen meine Brüder und ich die Kartoffeln auch gern mit Quark oder auch mit Butter und etwas Salz und Pfeffer. Wir tunkten sie einfach hinein und bissen dann davon ab, als ob die Kartoffel eine Scheibe Brot wäre.

Überall in unserem Dorf wurden die Kartoffeln natürlich ähnlich gekocht und gegessen – aber es gab doch kleine Unterschiede: So kannte ich eine Familie, wo die Mutter die heißen Quellkartoffeln auf den Tisch schüttete und dann kurz mit der Hand auf jede einzelne Kartoffel schlug, damit sie aufsprang. In die Kartoffel hinein wurde dann Gänseschmalz gestrichen und ein wenig Salz darübergestreut. Das schmeckte auch sehr gut!

Rahmkartoffeln und Fleischwurst

Kartoffeln kochen, schälen und in Scheiben schneiden. In der Pfanne Butter erhitzen und Mehl darin anrösten, bis sich keine Klümpchen mehr bilden. Milch und Sahne zugeben und mit Salz, Pfeffer und etwas Muskat abschmecken. Kartoffelscheiben zugeben und weiterköcheln lassen. Petersilie hacken und darüber streuen. Dazu schmeckt Endiviensalat und eine heiße „Flaaschworschd"!

Der Duft nach Samstag: Wer kann sich noch daran erinnern, wie's manchmal am Samstag roch? Die Treppen waren frisch gebohnert, das Badewasser war eingelassen. Die Alltagskleidung lag schon in der Ecke zum Waschen, und die Kinder kamen nun eins nach dem anderen in die große Badewanne. Da sah man sie im Schaum sitzen, mit ihren roten, blanken, vergnügten Gesichtern. Und in der Küche da dufteten schon das Kartoffelgemüs' und die Fleischwurst! Und wenn dann die Kinder nach dem Baden nebeneinander in Handtücher eingewickelt auf der Heizung saßen, dann war es einfach „Samstagabend". Samstagabend mit Fleischworschd und Kartoffelgemies! Mutter und Oma haben natürlich auch emol was anneres gekocht am Samstag. Aber geschmeckt und geduftet hat's immer gut. Und wonach? Wenn Ihr mich fragt: nach Glück!

Und so wird's gemacht

Wenn es Neue Gequellte gibt, ist dieses Gericht einfach ein Gedicht! Man kann den Quark, also die „Matte", dabei ganz unterschiedlich zubereiten: zum Beispiel mit etwas saurer Sahne, Salz, Schnittlauch und Salz. Es geht aber auch mit Zwiebeln, Kümmel, Salz und etwas Paprikapulver. Oder auch mit Zwiebeln, Salz und vielen gewiegten Kräutern. Wichtig ist nur, daß die Matte frisch ist und vor dem Glattrühren mit Sahne oder Milch durch ein Sieb gestrichen wurde. Als Getränk gab es früher oft Sauer- oder Buttermilch dazu.

Balleklöß

Einen großen Topf „Gequellde" kochen und einen Tag lang an einem kühlen Ort stehen lassen. Dann die Kartoffeln schälen und reiben. Die Masse mit Eiern vermischen und mit Salz und Muskat würzen. Soviel Mehl hinzugeben, wie die Kartoffeln gut aufnehmen, und einen festen Teig kneten. Aus dem Teig formte Oma die „Balleklöß'" und kochte sie in Salzwasser. Dazu schmeckt „Äppelbrei" oder „Äppelwoisoß"!

Salzkartoffeln

Kartoffeln kochen: Na, das ist doch die einfachste Sache der Welt!?!

Da wollen wir aber heftig widersprechen, denn gerade bei einem so wertvollen Nahrungsmittel wie unserer Kartoffel läßt sich manches falsch machen! Zuerst einmal muß die Knolle mit Autorität angepackt werden: Hinein mit ihr ins kalte Wasser – und tüchtig geschrubbt und gebürstet. Denn beim Schälen gelangt sonst der ganze Schmutz ans gelbe Innenleben! Und dann her mit dem scharfen Küchenmesser und alle Augen der Kartoffel gründlich und tief genug ausstechen und verfärbte Stellen abschneiden. Geschält wird möglichst dünn, damit möglichst wenig der wertvollen Substanzen verlorengeht, die direkt unter der Schale sitzen. Am besten ist es, die Knollen erst unmittelbar vor dem Kochen zu schälen, dann bleiben die Mineralsalze und Vitamine weitgehend erhalten. Außerdem sollten sie auch erst kurz vor dem Aufsetzen in möglichst gleich große Stücke geschnitten werden. Eine große „Kartoffelsünde" ist es, die geschälten Knollen über Nacht im Wasser stehen zu lassen: Geschälte Kartoffeln, die lange im Wasser liegen, laugen aus und verlieren viel Vitamin C. Übrigens: Geschälte und zerschnittene Kartoffeln verlieren in einer Stunde sechs Prozent ihres Vitamin C-Gehalts; bei unzerteilten Kartoffeln liegt der Verlust nur bei vier Prozent!

So, und nun geht's ans Kochen: Die Salzkartoffeln mit möglichst wenig Wasser ansetzen. Ein wenig Salz dazugeben. Der Topfboden muß 1 cm hoch bedeckt sein, und der Deckel sollte fest schließen. Wenn die Kartoffeln kochen, schnell die Hitze verringern. Nach 20 bis 25 Minuten kann man mit der Gabel prüfen, ob die Kartoffeln gar sind. Dann sollten sie rasch abgegossen und bei leicht geöffnetem Deckel nachgedämpft werden, damit sie trocknen.

Gesünder noch als Salzkartoffeln ist die Zubereitung als „gedämpfte Kartoffeln": Kartoffeln schälen und vierteln. Einen Topf zwei Finger hoch mit Wasser füllen. Nun die Kartoffeln hineinlegen und mit etwas Salz bestreuen. Zum Garen wird der Topf geschlossen. Nach dem Ankochen die Hitze so weit reduzieren, daß das Wasser zwar weiterkocht, aber nicht verdampft. Diese Garmethode erhält sehr gut die Nährwerte.

> **Ein Tip aus der Küche unserer Großeltern:**
>
> *Das Kartoffelwasser läßt sich gut für Suppen und Soßen weiterverwenden. Im Wasser schwimmen nämlich noch viele gesunde Nährstoffe, und außerdem ergibt es einen herzhaften Geschmack!*

Ofenkartoffeln

Kartoffel rustikal: Im knusprigen Mantel, mit heißem Innenleben.

Kartoffeln aus dem Backofen schmecken nach urigem Kartoffelfeuer, sie haben den Herbst noch im Leib, und man verbrennt sich die Finger, wenn man nach ihnen greift!

Bei einer großen Menge von Kartoffeln lohnt es sich, sie einfach im Ofen zu backen. Am besten eignen sich dazu Kartoffeln mit einem hohen Stärkeanteil, die auch voll ausgereift sein sollten. Eine große Kartoffel braucht rund 45 Minuten zum Garen. Soll die Schale kroß sein, wird das Backofenblech mit Alufolie ausgelegt. Die Kartoffelschale mit einer Gabel mehrfach einstechen, damit sie Dampf ablassen kann. Die Kartoffel mit Salz bestreuen und bei 150 Grad angaren. Nach der halben Backzeit wenden und bei gedrosselter Temperatur fertigbacken. Wenn die Schale nicht kroß, sondern weich bleiben soll, reibt man die Kartoffel vor dem Backen mit Olivenöl oder Butter ein oder packt sie komplett in Alufolie. Auch geschälte Kartoffeln brauchen nicht auf das Abenteuer im Backofen zu verzichten. Sie werden in eine Form gesetzt, mit Butter oder Öl eingepinselt und gewürzt.

Kümmelkartoffeln

Kleine, rohe Kartoffeln gründlich waschen. Nicht schälen, aber halbieren. Die Schnittfläche in Kümmel und Salz tauchen. Anschließend die Kartoffelhälften auf ein gut gebuttertes Backblech geben und mit zerlassener Butter oder Öl bepinseln. Bei 200 Grad werden die Kartoffeln etwa 35 Minuten im Backofen gebacken.

Oh, du Kartoffelgemüs'!

Kennen Sie das Gefühl: Nichts schmeckt mehr, auf nichts hat man Appetit, der Gedanke an die teuersten Delikatessen dieser Welt läßt einen völlig kalt? Da gibt's nur eine Rettung, die „letzte Rettung": Kartoffelgemüse oder, wie man bei uns sagt:

„Karduffelsgemies!"

Die Zubereitung dieses köstlichen Magenpflasters ist eigentlich einfach und dennoch kompliziert, denn das Kartoffelgemüs' muß einem sozusagen „im Blut" liegen! Jeder bereitet das seine ein wenig anders zu als der Nachbar. Es ist fast so wie beim Dialekt: Am Kartoffelgemüs' merkt man, „wo einer dahaam ist". Die Würze, die Menge an Brühe, Milch oder Sahne, die Breite der Blutwurstringe und nicht zuletzt die Frage, ob die Wurst nun geräuchert oder nicht geräuchert sein soll – es streiten sich die Geister! Doch beim Kartoffelgemüs' ist ja nun weiß Gott kein Streit erlaubt und auch kaum ein Streit möglich! Keine andere Speise gibt es, die so besänftigend auf Magen und Nerven wirkt, die den Hausfrieden wieder geraderückt, den beißenden Hunger liebevoll stillt, den matten Lebensgeistern wieder Flügel verleiht. Wär's noch nicht erfunden, das „Karduffelsgemies", so müßte man das dringend nachholen! Wir stellen hier einige erprobte Zubereitungen vor – Nachkochen erwünscht, Experimentieren erlaubt!

Kartoffelgemüse

Zutaten

1 kg Salatkartoffeln,
100 g durchwachsener,
geräucherter Speck,
3 Zwiebeln,
30 g Mehl,
1/2 l Fleischbrühe,
Salz, Pfeffer,
2 TL Majoran,
5 EL saure Sahne

Zubereitung

Die Kartoffeln in der Schale kochen, abgießen und kurz mit kaltem Wasser abschrecken, heiß pellen. Speck würfeln, in einem Topf ausbraten. Gewürfelte Zwiebeln im Speckfett glasig braten. Mehl darüberstreuen und kurz anschwitzen. Unter Rühren die Brühe zugießen, Sauce gut durchkochen, mit Salz, Pfeffer und Muskat abschmecken. Saure Sahne unterrühren, die Kartoffeln in die Sauce schneiden, bei milder Hitze durchziehen lassen.

Rezept: Anneliese Leinbach,
Gladenbach-Weidenhausen

Steinfischbacher Kartoffelgemüse

Zutaten

1 kg Kartoffeln,
1 Zwiebel,
2 Knoblauchzehen,
Butter,
2–3 EL Mehl,
Wasser,
1/4 l süße Sahne,
Salz, Pfeffer, Muskat,
1 Lorbeerblatt,
Essig, Kümmel, etwas Zucker

Zubereitung

Kartoffeln kochen und in Scheiben schneiden. Zwiebeln und Knoblauch in Fett andünsten. Das Mehl zugeben (Mehlschwitze), mit Wasser zu einer sämigen Soße auffüllen. Mit den Gewürzen und dem Essig abschmecken. Die Kartoffeln dazugeben, auf kleiner Flamme durchkochen lassen. Süße Sahne unterrühren, nochmals abschmecken.

Rezept: Volker Bauroth

Kartoffelklöße – welch Genuß!

Kartoffelklöße: kein Sonntag, kein Festtag ohne diese wahrhaft vollkommene Krönung der Familientafel! Wenn sie gelungen sind, strahlen sie weiß unter der braunen Soße, stolz begleitet von feinstem Braten und Gemüse. Und sie schauen dabei gerade so unschuldig aus und strahlen so viel kulinarische Vorfreude aus wie einer, der den rundlichen Leib vor dem Essen mit der großen, blütenweißen Serviette bedeckt hat.

Aber welche Verwandlung: Der erste Gabelstich bringt den Kloß ganz aus den Fugen. Hinein mit der Gabel ins lockere Innenleben, und dann die Soße darüber. Bei den Kloßessern gibt es wahrhaftig unterschiedliche Temperamente: Manche

zerteilen ihn zart und essen voll Anstand, andere zerdrücken und quetschen ihn, mischen ihn mit der Soße, als gälte es machtvoll, ein neues Gericht zu erfinden! Für Liebhaber ist der Kloß die Erfüllung des sonntäglichen Mittagessens! Was wären Braten und Gemüse ohne ihn, den eigentlichen „Tellerkönig". Und ist die Mahlzeit fast vorüber, so nimmt er bescheiden und ordentlich alles auf, was zum Schluß noch geblieben ist: das letzte Tröpfchen Soße, die letzte Faser Fleisch: Mit dem Kloß auf der Gabel wird aufgeräumt auf dem Teller!

Und die Hausfrau strahlt: Sind die Klöße gelungen, ist der Sonntag ein Erfolg! Dem Kloß folgt nur noch die Mittagsruhe,

das Zeitunglesen, dösen, ein kleiner vorsichtiger Spaziergang – und die Vorfreude auf's Kaffeetrinken – mit Butterkuchen natürlich!

Neben den „feingemachten" Klößen gibt es natürlich noch eine ganze Reihe „Alltagsausgaben" unter den Klößen. An fleischlosen Tagen genießt man sie zu Dörrobst und Birnenschnitzen, sie kommen als Nachtisch daher oder als Suppeneinlage. In jedem Fall lohnt es sich, die traditionelle „Kloß-Küche" wiederzubeleben. Denn Klöße zu bereiten ist zwar zeitaufwendig, mit kaum einem anderen Gericht aber bekommt man so viele glückliche Gesichter zu sehen!

Zu Klößen aus gekochten Kartoffeln sollte man in jedem Fall ausgereifte, mehlige Kartoffeln nehmen. Sie werden in der Schale gekocht oder gedämpft, sofort abgezogen und heiß durch die Presse gedrückt. Man erreicht damit, daß die Kartoffelmasse gut ausdämpft und die Klöße lockerer werden. Die Kloßmasse darf erst kurz vor dem Kochen vorbereitet werden, sonst wird der Kloßteig zu weich. Zum Formen der Klöße aus gekochten Kartoffeln die Hände mit Mehl bestäuben und die gerollten Kloßbällchen auf ein bemehltes Brett setzen.

Kartoffelklöße kann man auch halb aus rohen, halb aus gekochten Kartoffeln zubereiten, oder auch nur aus rohen Kartoffeln. Werden die rohen Kartoffeln gerieben, sollte man den Brei in ein Gefäß mit etwas Wasser reiben. Dadurch bleibt die Masse hell. Die Kartoffelstärke, die sich absetzt, nachher wieder zugeben. Das macht die Klöße fester. Die Klöße aus rohen Kartoffeln mit nassen Händen formen und auf eine nasse Porzellanplatte oder ein nasses Brett legen.

Klöße dürfen nicht gekocht werden, sondern sollen in siedendem Wasser gar ziehen. Dem Wasser Salz zugeben: Man rechnet auf 2 Liter Wasser 2 Eßlöffel Salz. Der Topf muß groß genug sein, damit die Klöße nicht aneinander kleben. Und nicht vergessen: Die Klöße sollen im offenen Topf garen. Wenn man einen Deckel auflegt, zerfallen die empfindlichen Gesellen leicht oder sehen schnell zerzaust" aus. Erfahrene „Kloß-Köchinnen" empfehlen in jedem Fall, zuerst einen Probekloß zu kochen. Fällt dieser auseinander, muß noch etwas Mehl in den Teig eingearbeitet werden. Sind die Klöße gar und schwimmen an der Oberfläche, werden sie mit dem Schaumlöffel herausgenommen und nach dem Abtropfen auf eine angewärmte Platte oder in eine Schüssel gelegt.

Kartoffelklöße mit Specksoße, Rahm und Apfelbrei

Zutaten
2 kg Kartoffeln,
Speck,
süße Sahne,
Butter,
Apfelbrei
Zubereitung

500 g Kartoffeln in der Schale kochen, schälen und heiß durchpressen. Die übrigen Kartoffeln roh reiben und gründlich ausdrücken. Alles mit etwas Salz zu einem Teig verarbeiten, Klöße formen und in reichlich Salzwasser kochen. Den Speck in einer Pfanne auslassen, die Sahne angießen und vor dem Servieren über die Klöße geben. Dazu reicht man Apfelbrei.

Rezept: Agnes Diehl, Poppenhausen

Kartoffel- und Mehlklies

Zutaten

600 g Kartoffeln,
ca. 250 g Mehl,
Wasser oder Milch nach
Bedarf,
etwas Salz, Speck oder
Dörrfleisch,
1 Zwiebel

Zubereitung

Kartoffeln schälen und in Salzwasser kochen. Wenn sie halbweich sind, aus dem Mehl, Wasser oder Milch und etwas Salz einen festen Kloßteig rühren. Mit Hilfe eines Eßlöffels Klöße abstechen, auf die Kartoffeln geben und alles zusammen fertig garen. Zum Schluß Speck oder Dörrfleisch würfeln, mit Zwiebeln in der Pfanne dünsten und über die Kartoffeln und die Klöße geben.

Rezept: Irmgard Lehrmund, Wetzlar

Aschkloß

Zutaten

500 g rohe Kartoffeln,
300 g gekochte Kartoffeln,
20 g Mehl,
20 g Kartoffelmehl,
150–200 g magerer,
gewürfelter Speck,
Salz, etwas Pfeffer,
2 Brötchen,
1/8 l Milch,
2 Eier

Zubereitung

Wie für die echten Thüringer Klöße die rohen Kartoffeln reiben und in einem Säckchen auspressen. Die gekochten Kartoffeln abgießen und durch die Presse drücken. Beide Kartoffelmassen mit dem Mehl, den Speckwürfeln und etwas Salz und Pfeffer gut durcharbeiten. Den Kloßteig in eine gefettete Backform einfüllen, die Brötchenscheiben darüber verteilen. Milch und Eier mit etwas Salz glattschlagen und über die Brötchenscheiben gießen. Die Form im Backofen bei mittlerer Hitze etwa 30 Minuten ausbacken. Stückchen von Brötchengröße aus dem ,,Aschkloß" herausschneiden und als Beilage zu Braten servieren.

Rezept: Karin Pietrak, Landfrauenverein Landecker Amt

Kartoffelpüree

Wenn der Magen verdreht war, wenn es schlechte Noten in der Schule gab, wenn die Ferien unwiderruflich vorüber waren – eines half stets, die große Trauer ein wenig zu lindern: Kartoffelbrei! Umfragen unter Freunden und Kollegen ergaben, daß Kartoffelbrei nicht nur bei uns der große Tröster der Kindheit war. Außerdem gibt es ja auch im Erwachsenenalter so manchen kleinen Kummer, bei dem sich Kartoffelbrei als Magen- und Seelenpflaster bewährt. Ob das goldgelbe Püree nun mit einem Würstchen oder ein wenig Gemüse daherkommt, mit einem Stück Fleisch oder einem Spiegelei – das schönste daran ist unbestritten die Soße oder die heiße Butter. Um sie zu betten, lassen sich mit dem Messer oder dem Löffel Schluchten im Kartoffelbrei bauen. Die Soße ist der See, die vielversprechend zwischen den goldenen, weichen Bergen schwimmt. Oh, ließe sich doch manchmal auch der Alltag so sanft und willig formen wie Kartoffelpüree …

Kartoffelbrei - selbstgemacht!

Zutaten

600 g mehligkochende
Kartoffeln,
ca. 200 ml Wasser,
200 ml Vollmilch,
20 g Butter,
1 TL Salz,
1 Prise Pfeffer,
1 Prise Muskat

Zubereitung

Kartoffeln schälen, waschen und in einem Topf mit Salzwasser zum Kochen bringen. Knapp 30 Minuten kochen lassen, abgießen und ausdämpfen. Die Kartoffeln durch die Kartoffelpresse drücken und danach nochmals mit dem Stampfer zu Mus drücken. Nun Vollmilch, Butter und Gewürze in einem größeren Topf kurz aufkochen, vom Herd nehmen und die gestampften Kartoffeln dazugeben. Mit einem großen Schneebesen wird das Püree gut verrührt und anschließend abgeschmeckt. Durch weitere Zutaten bekommt der Kartoffelbrei interessante Geschmacksnoten: Man kann bei diesem Grundrezept bis zu 200 g andere Lebensmittel zugeben - ob geriebenen Handkäse, gehackte Nüsse, Mandeln, oder auch gehackte Kräuter, kleingeschnittenes Gemüse, passierten Spinat, gedünstete Zwiebeln, Knoblauch oder gedünstete Pilze.

Feine Duchesse-Kartoffelmasse

Die „Duchesse-Masse" verdient ihren edlen Namen zu Recht. Alles, was sich mit ihr zaubern läßt, gehört in die „feine Küche". Für die Masse werden Kartoffeln gekocht, zu Püree gedrückt und mit etwas flüssiger Butter vermengt. Außerdem gibt man noch ein bis zwei Eier oder nur Eigelbe dazu oder etwas Schmand. Die Masse in den Spritzbeutel füllen. Jetzt kann man kleine Häufchen auf ein gebuttertes Backblech spritzen und diese als „Herzoginnenkartoffeln" goldgelb backen. Die Kartoffelcreme läßt sich aber auch zu kleinen Bällchen, Plätzchen oder Bratlingen formen. Wird sie mit Brandteig vermischt, kann man darauf Pommes Dauphine bereiten. Wer Kroketten herstellen möchte, formt die noch warme Duchesse-Masse zu etwa 4 cm langen Rollen. Sie werden in Vollkornmehl paniert und schwimmend in Fett gebacken.

Pommes frites

Wer kann schon einer Kartoffel widerstehen, wenn sie als Pommes frites daherkommt? Jeder kennt sie, fast jeder mag sie – und es gibt vor allem jüngere Semester (meist unter 10 Jahren), die sind danach süchtig ... Wann und wo aber wurden die goldenen Zauberstäbchen nun eigentlich aus der Wiege gehoben? Unser heutiger „Massenartikel" hat eine feine, erlesene Vergangenheit. Angeblich wurden die Pommes frites, anfangs im Ganzen fritierte Kartoffeln, schon im 18. Jahrhundert in Frankreich erfunden. Der Sommer 1853 soll dann noch eine weitere kulinarische „Revolution" gebracht haben: Einem vornehmen Gast im Badeort Saratoga bei New York waren diese „frites" zu dick und plump für seine Diners, und er forderte den jungen Koch George Crum auf, etwas anderes zu erfinden. Dieser schnitt nun die zu großen Kartoffeln einfach in kleine Scheibchen, warf sie kurz in siedendes Öl und servierte sie als

Überraschung an der Tafel. Die Begeisterung war groß, und damit ging das Badestädtchen Saratoga in die Geschichte der Pommes frites und der Kartoffelchips ein.

Die Tage als exklusive Tafelfreude reicher Leute waren jedoch bald gezählt. Den ersten Verkauf von Pommes frites starteten 1862 die Elsässer Max und Fritz. Sie verkauften Pommes frites in Tüten und nannten sich auf einem Schild über ihrem Laden „die Erfinder der Pommes frites". Den ganz großen Durchbruch schafften die goldenen Stäbchen aber erst im 20. Jahrhundert in Amerika. Am 16. Februar 1946 berichtete die New Yorker Zeitung „Herald Tribune", daß die Firma Maxson Food System, der größte Zulieferer der allgemeinen Luftfahrt, nun auch ihre tiefgefrorenen Pommes frites an das geachtete Warenhaus Macy's lieferte …

Wie steht's mit den „Pommes-Kalorien"?

Je nachdem, wie heiß das Fritierfett ist, können 100 g Pommes frites 140 bis 245 Kalorien haben.

Eine Variante der „Pommes": Strohkartoffeln

Zutaten
1 kg große Kartoffeln,
750 g Fett oder
1 l Öl,
Salz

Zubereitung
Die Kartoffeln in strohhalmdünne Stifte schneiden und in heißem Fett fritieren.

Und so macht man die „Pommes" selbst

Zutaten
750 g mehlige Kartoffeln,
Backfett,
Salz

Zubereitung
Die Kartoffeln schälen und mit dem Pommes-frites-Schneider zerteilen oder von Hand in Stäbchen scheiden. Die Schüssel mit den Kartoffelstäbchen mit einem feuchten Tusch bedecken, damit die diese nicht braun werden. Nun das Bratfett erhitzen. Die Kartoffelstreifen mit einem Tuch abtrocknen und portionsweise ins erhitzte Bratfett geben. Eine Friteuse erleichtert dabei die Arbeit. Achtung! Nicht zu viele Pommes frites auf einmal hineingeben, sonst schäumt das Fett leicht über und kühlt ab. Dann nehmen die Pommes zuviel Fett auf und werden nicht nur speckig und matschig, sondern auch sehr kalorienreich! Sollen die Pommes gelingen, läßt man sie in kleinen Portionen 2 Minuten backen, bis die Ränder leicht gebräunt sind. Dann mit dem Schaumlöffel zum Abtropfen auf ein Sieb geben. Kurz vor dem Servieren werden sie erneut ins heiße Fettbad geworfen und nun gebacken bis braun und knusprig sind. Noch einmal abtropfen lassen, mit Salz bestreuen und sofort servieren! Wetten, daß sie weggehen, bevor man dazu kommt, neue zu machen …?

Kartoffelsalat

Kein Fest, keine Party, keine Hochzeit, kein Silvester ohne Kartoffelsalat! Wie herrlich, wenn er am Nachmittag vor dem Fest schon in der Speisekammer zu höchster Vollendung durchzieht, wie wundervoll, wenn er im Geleit von Würstchen oder Frikadellen auf dem Buffet steht

Hilfe, meine Kartoffeln …
… sind angebrannt!
Die nicht angebrannten Kartoffeln herausholen und in einem neuen Topf mit Salzwasser wieder aufkochen.

… sind schrumpelig!
Kartoffeln einige Zeit ins kalte Wasser legen, dann lassen sie sich gut schälen.

… müssen ganz schnell gar werden!
Dem Kochwasser etwas Fett zusetzen, das erhöht den Siedepunkt.

… sind verkocht!
Kartoffeln mit etwas heißer Milch und geschmolzener Butter zu Püree verarbeiten.

… werden beim Braten nicht braun!
Über die Kartoffeln etwas Zucker streuen oder vor dem Braten leicht mit Mehl bestäuben.

– und wie tröstlich, wenn am „Morgen danach" noch eine zusammengekratzte Restschüssel mit Kartoffelsalat über den Kater hinwegtröstet. Spätestens hier entdeckt man auch die tiefe Freundschaft zwischen Kartoffelsalat, Hering und sauren Gurken! Am besten eigenen sich für den Kartoffelsalat längliche, feste, ja sogar etwas wäßrige

Kartoffeln oder Salatkartoffeln. Die Kartoffeln werden in der Schale nur knapp gar gekocht oder gedämpft, so daß sie nicht platzen. Wenn sie abgekühlt sind, schneidet man sie in nicht zu dünne Scheiben. Übrigens nehmen geschnittene, handwarme Kartoffeln leichter die Marinade auf. Kalt geschnittene Kartoffeln behalten dagegen besser ihre Form. Großmutter schnitt für den Kartoffelsalat bei uns daheim immer die Pellkartoffeln auf und übergoß sie dann mit einer kräftigen heißen Brühe – in doppelter Konzentration. Wieviel davon? Nun, gerade so viel, wie die Kartoffeln „trinken können". Die salzige Brühe (am besten aus konzentrierten Brühwürfeln) versorgt den Salat mit soviel Salz und Fett, daß nur noch wenig Marinade fehlt: etwas Öl, Essig und Senf, kein Salz, dafür aber gewürfelte Zwiebeln und kleingeschnittene Essiggurken. Wer's probiert,

Tips für den
Kartoffelsalat:
Pellkartoffeln lassen sich mit einem Eierschneider ganz rasch in gleichmäßige Scheiben schneiden.

wird begeistert sein! Und so gut der Kartoffelsalat auch nach einer Nacht noch schmeckt – länger sollte man ihn nicht aufheben. Er „kippt" leicht um und verdirbt. Kartoffelsalat muß stets frisch zubereitet werden!

Wer die Pellkartoffeln nicht bereits am Vortag kochen konnte, kann dennoch einen guten Kartoffelsalat zubereiten: Die frischen Pellkartoffeln nach dem Abgießen zugedeckt stehen lassen, bis sie handwarm sind. Sie lassen sich dann ganz angenehm pellen und erhalten ihr „glänzendes Aussehen". Außerdem werden sie so nicht so leicht breiig.

Kartoffelpoesie

Abschiedsworte an Pellka

Jetzt schlägt deine schlimmste Stunde,
Du Ungleichrunde, du Ausgekochte,
Du Zeitgeschälte, du Vielgequälte,

Du Gipfel meines Entzückens!

Jetzt kommt der Moment des Zerdrückens
Sei stark!
Mit der Gabel!
Ich will auch Butter und Salz und Quark
Oder Kümmel, auch Leberwurst in
dich stampfen.
Mußt nicht so ängstlich dampfen.
Ich möchte dich doch noch einmal erfreun.
Soll ich Schnittlauch über dich streun?
Oder ist dir nach Hering zumut?

Du bist ein so rührend junges Blut.
Deshalb schmeckst du besonders gut,
Wenn das auch egoistisch klingt.

So tröste dich damit, du wundervolle
Pellka, daß du eine Edelknolle
Warst, und daß dich ein Kenner verschlingt.

Joachim Ringelnatz

Blühendes Kartoffelkraut
sanft vom Sommerwind umkost
immer, wenn ich dich geschaut
warst du mir ein Augentrost
mit der Büsche Laubgezelt
mit der Blüten Rötlichblau
hebst du wie ein Blumenfeld
dich heraus aus grüner Au.

K. Gerok

Schön rötlich die Kartoffeln sind
Und weiß wie Alabaster!
Sie däun (verdauen) sich
lieblich und geschwind
Und sind für Mann und Frau
und Kind
Ein rechtes Magenpflaster.

Matthias Claudius

Frühlingsgrüne Buchenwälder
ei, die sind wohl jedem recht
Blühende Kartoffelfelder
find' ich aber auch nicht schlecht.
Wie sie wallen in die Ferne
mit dem dunkelgrünen Kraut
darüber drüber weiß' und lila Sterne
Schön'res hab ich nie geschaut

H. Seidel

Wenn du Kartoffeln oder Spargel ißt,
schmeckst du den Sand der Felder
und den Wurzelsegen,
des Himmels Hitze und den
großen Regen,
die kühlen Wässer und den
warmen Mist.

Carl Zuckmayer

Manchmal, streift dich kühl ein Hauch
wenn das Jahr sich neigt,
bitterer Kartoffelrauch
bläulich aufwärts steigt.

W. Bergengruen, „Im sinkenden Jahre"

Kartoffelfeuer

Du wirbelnder Rauch der Kartoffelfeuer
erinnerst an alte verflossene Zeit
wie ist mir dein herber Geruch doch so teuer
du bleibst mir als Jugenderinnerung geweiht

Im Buchwald am Seerand da war eine Ecke
von Weiden umwuchert von Dornen geschützt
wir brieten in sicherem Räuberverstecke
uns dort Kartoffeln, die wir stibitzt.

H. Löns, „Kartoffelfeuer"

Rezepte

Serpillum citratum.   Papas Peruanorum.   Thymus vulgaris.

Kartoffel-Sauerkrautsuppe mit Rouladen

Zutaten

500 g Kartoffeln,
1 EL Schmalz,
2 Zwiebeln,
3/4 l Rinderbrühe,
1/4 l Milch,
100 g vorgekochtes Sauerkraut,
Salz,
Pfeffer,
Muskat

Zutaten Roulade

500 g Kartoffeln,
2 Eigelb,
2 EL Stärke,
Muskat,
Salz,
200 g Blutwurst,
1 Ei,
Pergamentpapier oder
Klarsichtfolie,
Öl zum Bestreichen

Zubereitung

Schmalz im Topf zergehen lassen, die geschnittenen Zwiebeln hineingeben und glasig dünsten. Kartoffeln grob geschnitten zugeben, mit Brühe und Milch auffüllen. Wenn die Kartoffeln weich sind, mit dem Mixstab pürieren. Mit Salz, Pfeffer und Muskat würzen. Vor dem Servieren das Sauerkraut unterziehen. Für die Roulade die Kartoffeln schälen und kochen. Wenn sie gar sind, abschütten, ausdampfen lassen und durchpressen. Die Eigelbe zugeben, Stärke untermengen und würzen. Eventuell noch Stärke zugeben, damit der Teig ausgerollt werden kann. Die Blutwurst mit dem Fleischwolf zermahlen oder mit einem Messer fein hacken und das Ei untermengen. Pergamentpapier oder Folie mit Öl bestreichen. Mit einer Palette den Kartoffelteig 5 mm dick daraufstreichen. Die vorbereitete Blutwurstmasse dünn daraufstreichen und den Teig vorsichtig zusammenrollen. Die Rolle in Scheiben schneiden und diese in der Pfanne beidseitig anbraten. Die Scheiben auf die Suppe legen.

Rezept: Carola Merkel, Gasthaus Dornrös'chen, Höchst/Odw.

Kartoffel-Pfifferlingsuppe mit Schinkenkrapfen

Zutaten

400 g Kartoffeln,
2 EL Zwiebelwürfel,
Butter,
Salz,
Muskat,
300 g frische Pfifferlinge,
50 g Zwiebelwürfel,
30 g Butter

Zutaten Krapfen

300 g Kartoffeln,
100 ml Wasser,
20 g Butter,
100 g Mehl,
1 Ei,
100 g roher Schinken

Zubereitung

Kartoffeln schälen und in Stücke schneiden. Die Zwiebelwürfel in etwas Butter dünsten und die Kartoffeln zugeben. Mit dem Wasser auffüllen und die Kartoffeln weich kochen. Danach die Suppe fein pürieren und nötigenfalls durch ein feines Sieb streichen. Nochmals aufkochen und abschmecken. Die Pilze putzen, waschen und grob hacken. Die Zwiebeln in Butter andünsten, die Pilze zugeben und gut anschwitzen. Die Suppe in Tellern anrichten und die Pilze in die Mitte geben. Für die Krapfen Kartoffeln schälen und kochen. Wasser und Butter aufkochen, das Mehl dazuschütten und mit einem Rührlöffel gut durcharbeiten, so daß ein glatter Teig entsteht. Etwas abkühlen lassen. Dann das Ei unterarbeiten. Die inzwischen gekochten Kartoffeln durch die Presse drücken und zum Teig geben, gut miteinander vermischen und abschmecken. Den Schinken in kleine Würfel schneiden und in der Pfanne anschwitzen. Zu der Kartoffelmasse geben. Kleine Krapfen abstechen und in der Friteuse ausbacken.

Rezept: Armin Treusch,
Restaurant Treusch im Schwanen,
Reichelsheim

Delikate Kartoffelsuppe

Zutaten für 6 Personen

2 Bund Suppengrün (Sellerie,
Karotten, Lauch, Petersilie),
zusätzlich 2 Stangen Lauch,
1 Gemüsezwiebel,
1–2 Zehen Knoblauch,
1 Scheibe Schinkenspeck,
1 EL Öl oder Margarine,
1,2 kg Kartoffeln,
ca. 1 l Gemüsebrühe,
Salz, Pfeffer, Curry, Muskat,
Cayenne-Pfeffer, Paprika,
200 ml süße Sahne,
1 TL Zucker,
1 daumengroßes Stück frischer
Ingwer (fein gerieben),
24 Garnelenschwänze,
Butter zum Braten

Zubereitung

Öl oder Margarine erhitzen; die kleingehackte Zwiebel, Knoblauch und Schinkenspeck darin glasig andünsten. Die Kartoffeln schälen und kleinwürfeln und ebenfalls beigeben. Mit Gemüse- oder Fleischbrühe auffüllen, so daß alles bedeckt ist. Die Suppe ca. 20 Minuten kochen, dann mit Salz, Pfeffer, Curry, Muskat, Cayenne-Pfeffer und Paprika würzen. Wenn die Kartoffeln weich sind, die Masse im Mixer zu einem sämigen Brei mixen. (Achtung, in kleineren Portionen pürieren!) Alles zurück in den Topf geben, die Sahne zufü-

gen und unterrühren. Die Suppe aufkochen und mit ein wenig Zucker und dem Ingwer abschmecken. Besonders gut schmeckt diese „Feinschmecker-Suppe", wenn man dazu Garnelenschwänze in schäumender Butter sehr scharf anbrät, salzt und pfeffert. Die Suppe in die Teller schöpfen, dann die gebratenen Garnelen (pro Person ca. 4 Stück) in die Mitte setzen und die Suppe mit frischem Koriander dekorieren.

Rezept: Thomas Junk, Frankfurt

Lindenfelser Apfelsuppe mit Lammfleisch

Zutaten

100 g Lammhaxe,
80 g Butter,
4 Äpfel (Cox Orange),
1 Zwiebel,
1 Karotte,
1/2 Stange Lauch,
1 mittelgroße Kartoffel,
100 g roher Schinken,
(Endstück mit Schwarte),
2 EL Apfelmus,
1/4 l Odenwälder Apfelwein,
1/4 l Odenwälder Apfelsaft,
1/2 l Wasser,
0,1 l süße Sahne,
2 cl Apfelschnaps,
1/2 TL Rosmarin,
Salz, Pfeffer, Muskat

Zubereitung

Äpfel, Zwiebel, Kartoffel, Karotte, Lauch waschen, schälen, in walnußgroße Stücke schneiden und mit der Butter in einem ausreichend großen Topf anschwitzen. Den Schinken, die Lammhaxe und das Apfelmus zugeben und mit Wasser, Apfelwein und Apfelsaft auffüllen. Die Gewürze dazugeben und alles ca. 35 Min. schmoren. Die

Lammhaxe und den Schinken herausnehmen, Suppe im Mixer oder mit dem Mixstab pürieren, durchsieben und mit Sahne und Apfelschnaps verfeinern. Lammfleisch in kleine Würfel schneiden und in die Suppe geben.

*Rezept: Landgasthof Wald-
schlößchen, Lindenfels*

Odenwälder Kartoffelsuppe

Zutaten

2 EL Öl,
2 große Zwiebeln,
100 g durchwachsener Speck,
1 Stange Lauch,
2 große Möhren,
1/2 Knolle Sellerie,
2 l Fleischbrühe,
3 passierte Tomaten,
1 kg Kartoffeln (vorwiegend
festkochend bis mehlig),
250 g Fleischwurst,
1 EL Essig, Salz, Pfeffer,
Paprika, Thymian, Petersilie

Zubereitung

Das Öl erhitzen und darin die gewürfelten Zwiebeln, den gewürfelten Speck, den in feine Streifen geschnittenen Lauch, gewürfelte Möhren und Sellerie kurz anbraten. Die Fleischbrühe und die passierten Tomaten dazugießen. Nun noch die gewürfelten Kartoffeln hinzufügen und mit den Gewürzen abschmecken. Ca. 40 Minuten köcheln lassen. Kurz vor dem Anrichten die gewürfelte Fleischwurst zugeben und mit einer Handvoll gehackter Petersilie garnieren.

Rezept: Regina Böhm, Kalbacher Hof, Brensbach

Kraftbrühe mit Kartoffelwurst

Zutaten

1 l Fleischbrühe,
7 mittelgroße Kartoffeln,
Suppengrün,
150 g Rinderbeinfleisch,
1/2 Eiweiß,
4 dicke Scheiben
geräucherten Bauchspeck,
2 Eigelbe,
Lammdärme (Kaliber 22/24),
Salz, Pfeffer, Muskat, Majoran

Zubereitung

Die Fleischbrühe zum Kochen bringen, 2 Kartoffeln roh in Scheiben schneiden und mit dem Suppengrün zur Brühe geben. Einmal kräftig aufkochen lassen, für ca. 15 Minuten am Herdrand ziehen lassen, dann die Kartoffelscheiben und das Suppengemüse abschöpfen. Die Brühe gut abkühlen lassen. 150 g durch den Fleischwolf gedrehtes Rinderbeinscheibenfleisch, etwas Majoran und das Eiweiß gut vermengen, in die kalte Brühe geben und in einem flachen Topf langsam zum Kochen bringen. Durch ein Küchentuch abgießen. Die Bauchspeckscheiben als Garnitur in der Pfanne kroß anbraten. Für die Kartoffelwürste aus fünf Kartoffeln ein festes Püree zubereiten. Unter dieses 2 Eigelbe, fein gewiegten Majoran und gegebenenfalls einige gekochte blaue Kartoffelwürfel mengen. Mit etwas Muskat und Salz abschmecken und die Masse mit einem Spritzbeutel durch eine Lochtülle (Größe 8) in die gut gewässerten Lammdärme füllen. Mit Schnur zu kleinen Würstchen binden und in aufgekochtem Salzwasser ca. 10 Minuten ziehen lassen. Zum Schluß die Würstchen in die Brühe einlegen und mit den Speckscheiben und Blattpetersilie garnieren.

Rezept: Landhaus Baur, Odenwald

55

Kartoffelrahmsuppe in der Kartoffel

Zutaten
4 dicke Kartoffeln,
150 g Dörrfleisch am Stück,
100 g frische Blutwurst,
1/4 l Sahne,
1 Stange Lauch,
1 dicke Möhre,
Sellerie

Zubereitung
Von etwas Sellerie, Lauch und Möhren feine Streifen für die Suppeneinlage schneiden. Die Kartoffeln gut waschen, Deckel abschneiden und aushöhlen. Das ausgehöhlte Innere der Kartoffeln mit Dörrfleisch, Lauch, Sellerie und Möhren gut verkochen. Dörrfleisch herausnehmen und das Gemüse im Mixer pürieren, anschließend zusammen mit den Gemüseeinlagen in einen Topf geben. Alles gut aufkochen lassen, abschmecken und die Sahne dazugeben. Die Blutwurst in feine Scheiben schneiden, mehlen und kurz in der Pfanne von beiden Seiten anbraten. Die ausgehöhlten Kartoffeln kurz abkochen (nicht weichkochen), in einen Suppenteller geben, die Suppe hineinfüllen und die Blutwurstscheiben obenauf legen.

Rezept: Hotel Thielmann,
Mittenaar-Bicken

Kartoffel-Brennesselsuppe mit Lachsforellenroulade

Zutaten
300 g Kartoffeln,
2 EL Zwiebelwürfel,
150 g blanchierte
Brennesselblätter,
Butter,
Salz, Pfeffer, Muskat,
150 g Lachsforellenfilet,
einige blanchierte Spinatblätter

Zubereitung
Kartoffeln schälen und in Stücke schneiden. Zwiebelwürfel in etwas Butter dünsten, die Kartoffeln zugeben. Mit 1/2 l Wasser auffüllen, würzen und die Kartoffeln weichkochen. Die Brennesselblätter zugeben und mit einem Pürierstab oder im Mixer fein pürieren. Eventuell zusätzlich durch ein feines Sieb passieren. Nochmals aufkochen und abschmecken. Das Lachsforellenfilet in dünne Scheiben schneiden, würzen und mit den Spinatblättern belegen. Danach fest zusammenrollen, mit einem scharfen Messer in dünne Scheiben schneiden und diese auf die angerichtete Suppe legen.

Rezept: Armin Treusch, Restaurant
Treusch im Schwanen, Reichelsheim

Klare Kartoffelsuppe mit Blutwurstscheiben

Zutaten

500 g Kartoffeln,
100 g Möhren,
100 g Sellerie,
100 g Lauch,
2,5 l Rinderbrühe,
10 Eiweiß,
Salz und Muskat,
Blutwurst,
Butter,
1 frischer Majoranzweig

Zubereitung

Kartoffeln, Möhren, Sellerie und Lauch kleinschneiden und in der Rinderbrühe gar kochen. Das Gemüse herausnehmen, die Brühe erkalten lassen, mit dem aufgeschlagenen Eiweiß klären und durch ein Tuch passieren. Mit Salz und Muskat ab- schmecken. Die Blutwurst in dünne Scheiben schneiden und leicht in Butter anbraten. Mit der heißen Suppe übergießen und mit einem Majoranzweig gar- nieren.

Rezept: Hotel Zum Stern, Oberaula

Steinpilz-Kartoffelcreme-Suppe

Zutaten für 8 Personen

30 g Schmalz,
50 g Zwiebeln,
100 g Steinpilze,
50 g Lauch (nur helle Teile),
50 g Knollensellerie,
50 g Karotten,
500 g mehligkochende Kartoffeln,
1 kg Fleischbrühe,
1 Zweig frischer Majoran,
200 g Schmand,
Salz, Pfeffer, Muskat, Kerbel,
100 g Weißbrot,
50 g Butter

Zubereitung

Zwiebeln würfeln, Steinpilze blättrig schneiden und beides zusammen im Fett anbraten. Ka- rotten, Sellerie und Kartoffeln kleinschneiden und dazugeben, leicht anschwitzen und mit der Brühe auffüllen. Majoranzweig zugeben und etwa 45 Minuten köcheln. Majoran entnehmen. Die Suppe pürieren und durch ein Sieb passieren, dann nochmals aufkochen, mit Schmand verfeinern und mit den Gewürzen abschmecken. Die fertige Suppe mit Kerbelblätt- chen bestreuen und mit geröste- ten Weißbrotwürfeln servieren.

Rezept: Schuch's Restaurant GmbH, Frankfurt a. M.

Überwälder Kartoffel-Zwiebelbrühe

Zutaten für 6 Personen
500 g Zwiebeln,
200 g Kartoffeln,
1/2 l Vollmilch,
1/2 l Kalbsfond,
3 Lorbeerblätter,
5 Nelken,
Muskat, Pfeffer, Salz

Zubereitung

Zwiebeln schälen, in Ringe schneiden und in etwas Schweineschmalz anbraten. Kartoffeln reiben und mit den Lorbeerblättern und Nelken dazugeben, kurz weiterbraten, dann mit Milch und Kalbsfond auffüllen. Ca. 15 Minuten bei kleiner Flamme köcheln lassen, dann mit Salz, Pfeffer und Muskat abschmecken.

Rezept: Hotel-Restaurant Kreidacher Höhe, Waldmichelbach

Klare Kartoffelsuppe mit Makkaroni

Zutaten
500 g Kartoffeln,
1 1/2 l Rinderkraftbrühe,
1/4 Sellerie,
2 Karotten,
1/2 Stange Lauch,
60 g Makkaroni,
Schnittlauch

Zubereitung

Die geschälten Kartoffeln würfeln und mit der kalten Brühe aufsetzen. Zum Kochen bringen und nach ca. 10 Minuten das in feine Streifen geschnittene Gemüse zugeben und nochmals kurz durchkochen. Mit Salz, Pfeffer und Muskat abschmecken. Kurz vor dem Servieren die gekochten ca. 1 cm lang geschnittenen Makkaroni und den fein geschnittenen Schnittlauch zugeben.

Rezept: Horst Weihrich, Restaurant Ratsherrenstuben, Hattersheim

Feine Kartoffelsuppe

Zutaten

400 g Kartoffeln,
4 mittlere Zwiebeln,
40 g Butter,
1 1/2 l Hühnerbrühe,
100 ml saure Sahne,
150 g geriebener Hartkäse,
Salz, Pfeffer, Majoran
etwas Weißwein

Zubereitung

Kartoffeln und Zwiebeln schälen und fein würfeln und in der Butter leicht andünsten. Mit Hühnerbrühe auffüllen und etwa 25 Minuten garen. Die Suppe pürieren, die saure Sahne zugeben und mit dem Hartkäse gut verrühren. Mit den Gewürzen abschmecken und mit dem Weißwein verfeinern.

Rezept: Landfrauen Ufhausen

Kartoffelrahmsuppe mit fritiertem Salbei

Zutaten

500 g Kartoffeln,
1 große Möhre,
100 g durchwachsener
Speck (Dörrfleisch),
1 Zwiebel,
3 EL Öl,
1/4 l Sahne,
1,5 l Fleischbrühe,
Salz, Pfeffer, Muskat,
frische Salbeiblätter

Zubereitung

Kartoffeln und Möhre schälen, vierteln und in der Fleischbrühe garen. In der Zwischenzeit Speck und Zwiebeln würfeln, Öl erhitzen, Speck und Zwiebeln darin glasig dünsten. Gare Kartoffeln und Möhren durch ein Sieb streichen (Pürierstab). Die Kartoffelmasse zu den gedünsteten Zwiebeln und Dörrfleisch geben. Mit restlicher Fleischbrühe und der Hälfte der Sahne auffüllen. Noch einmal aufkochen lassen. Die andere Hälfte der Sahne schlagen. Die Suppe mit den Gewürzen abschmecken, mit den in Fett fritierten Salbeiblättern garnieren und mit geschlagener Sahne verzieren.

Rezept: Überliefert durch Christian Johann Kleinschmidt, zubereitet von Karsten Ch. Kleinschmidt, Landgasthof „Ziegelhütte", Weilrod/Ts.

Kartoffelsuppe „Dreierlei"

Zutaten

120 g Kartoffeln,
120 g rote Kartoffeln,
100 g violette Kartoffeln,
1 Süßkartoffel,
60 g Zwiebelwürfel,
60 g Butterschmalz,
Salz, Pfeffer, Muskat.

Zutaten Krapfen

125 g Mehl,
1/8 l Wasser,
20 g Butter,
1 Ei,
150 g Kartoffeln,
Salz, Muskat,
150 g Kalbsbries,
1 gespickte Zwiebel,
Pfefferkörner, Semmelbrösel

Zubereitung

Die violetten Kartoffeln waschen, kochen und schälen. Die Kartoffeln und die Süßkartoffel schälen und in gleich große Stücke schneiden. In drei Töpfen jeweils 20 g Zwiebelwürfel in Butterschmalz andünsten, die verschiedenen Kartoffeln zugeben, mit Wasser aufgießen und gar kochen. Nacheinander die Kartoffelsuppen im Mixer pürieren, wieder in die Töpfe geben und abschmecken. Für die Kalbsbrieskrapfen aus Wasser, Butter, Mehl und Ei einen Brandteig herstellen. Die übrigen Kartoffeln kochen, durchpressen und mit dem Brandteig vermischen. Das Kalbsbries mit der gespickten Zwiebel und den Pfefferkörnern in gesalzenem Wasser garen. Danach in kleine Stücke rupfen und unter die Kartoffelmasse mischen. Davon kleine Nocken abstechen, mit Semmelbröseln kartoffelähnlich formen. Die Krapfen in der Friteuse ausbacken. Nun zuerst je einen Löffel von der gelben und der süßen Kartoffelsuppe in die Teller gegeben, dann die violette Suppe. Die drei Suppen mit einem Löffel verziehen und in die Mitte einen knusprigen Kalbsbrieskrapfen setzen.

Rezept: Armin Treusch,
Restaurant Treusch im Schwanen,
Reichelsheim

Großmutters Kartoffelsuppe

Zutaten
1 kg Kartoffeln,
100 g Bauchspeck,
1,5 l Fleischbrühe,
Zwiebel,
Karotten,
Sellerie und Lauch,
Crème fraîche,
Salz, Pfeffer, Muskat

Zubereitung
Die Kartoffeln waschen und schälen. Ein Drittel davon in Würfel schneiden und blanchieren, den Rest in Bouillon kochen und durch ein Sieb streichen. Den Bauchspeck und das Gemüse fein würfeln und in etwas Fett zusammen dünsten, die Suppe sowie die Kartoffelwürfel dazugeben. Mit Salz, Pfeffer, Muskat abschmecken und mit etwas Crème fraîche verfeinern.

Rezept: Die Schmelzmühle,
Ober-Klingen

Wecksupp' von Kartoffelbrüh'

Zutaten
Kartoffeln,
saure Sahne,
Brötchen,
Butter,
Salz, Pfeffer

Zubereitung
Salzkartoffeln kochen und das Wasser in einen separaten Topf abschütten. In diese Brühe saure Sahne und etwas gebräunte Butter geben. Mit Pfeffer und Salz abschmecken, vor dem Servieren geröstete Brötchenwürfel in die Suppe streuen. Die Salzkartoffeln dazu servieren.

Rezept: Agnes Diehl,
Poppenhausen/Rhön

Restesupp'

Zutaten
Kartoffeln,
Suppengrün,
Zwiebeln,
Lorbeerblatt,
Pimentkörner,
Salz, Pfeffer,
Schinken- oder Salamiwürfel,
Brotwürfel

Zubereitung
Alle Zutaten in größere Stücke schneiden, mit den Gewürzen in einen Topf geben, mit Wasser bedecken und zum Kochen bringen. Danach auf kleinster Flamme köcheln, bis die Suppe einen kräftigen Geschmack hat. In einer Pfanne die Schinken- oder Salamiwürfel mit den Brotwürfeln kross anbraten. In die Suppe geben und mit Petersilie bestreut servieren.

Rezept: Annemarie Mühlmann,
Bad Dürrheim

Suppenklößchen

Zutaten
500 g gekochte Kartoffeln
vom Vortag,
50 g Mehl,
50 g Weißbrot oder
Semmelbrösel,
2 Eier,
gedünstetes Grünzeug
(z. B. Petersilie),
etwas Salz und Muskat,
Zitronenschale

Zubereitung
Die Kartoffeln schälen und reiben. Gut ausgedrücktes Weißbrot oder Semmelbrösel zugeben, Mehl und Eier hinzufügen. Anschließend die Gewürze untermischen. Klößchen formen, in die kochende Brühe (Fleisch- oder Instantbrühe) einlegen. 15–20 Minuten vorsichtig kochen lassen.

Rezept: Rosewanda Pfau,
Frankfurt a. M.

Kartoffel-Spargel-Cocktail

Zutaten

500 g Spargel,
300 g Pellkartoffeln,
100 g kleine Broccoliröschen,
blanchiert,
2 EL Eschalotten, gewürfelt,
3 EL Weißweinessig (5 %),
6 EL Traubenkernöl,
Salz, weißer Pfeffer aus
der Mühle, Zucker,
2 EL geröstete
Sonnenblumenkerne,
2 EL Schmand,
2 EL Schnittlauch,
12 Scheiben Speck

Zubereitung

Gekochten Spargel in ca. 3 bis 4 cm lange Stücke schneiden, Kartoffeln in Stifte schneiden, zusammen mit den Broccoliröschen und den Eschalottenwürfeln in eine Schüssel geben. Mit Salz, Pfeffer, Zucker nach eigenem Geschmack würzen. Essig und Öl vorsichtig untermengen, mit Frischhaltefolie abdecken und im Kühlschrank ca. 2 bis 3 Stunden ziehen lassen, dann eventuell nachwürzen. Den Cocktail auf 4 Tellern anrichten, mit Schnittlauchringen und Sonnenblumenkernen bestreuen und mit Frühstücksspeck garnieren. Auf jeden Cocktail einen halben Eßlöffel Schmand geben.

Rezept: Waldhotel Schäferberg, Espenau bei Kassel

Kartoffelcocktail „Müllerin"

Zutaten

4 große geschälte Kartoffeln,
1/4 l Apfelwein,
1 Salatgurke,
4 Tomaten,
1 Apfel,
100 g gebeizter Lachs,
2 EL Kapern,
4 Scheiben gekochter Schinken,
100 g Rucolasalat

Zubereitung

Aus den Kartoffeln mit einem Ausstecher Kugeln formen und in Apfelwein mit etwas Zitrone garen, dann abschütten. Gurken, Tomaten, Äpfel, Schinken, Lachs und Rucola in feine Streifen schneiden und mit den noch warmen Kartoffeln mischen. Zum Schluß die Kapern hinzugeben und mit Salz, Pfeffer, Zitrone und Öl abschmecken.

Über Nacht abgedeckt in den Kühlschrank stellen. In Cocktailschalen anrichten. Vor dem Servieren mit einem Löffel Crème fraîche garnieren. Mit Toast und einem Glas trockenem Sherry eine erfrischende Vorspeise.

Rezept: Apfelweinlokal Schöne Müllerin, Frankfurt a. M.

Kartoffelgratin

Zutaten für ca. 10 Personen

2,5 kg Kartoffeln,
1 l Sahne,
2 EL Gemüsebrühe,
1/2 TL Muskat,
1/2 TL Pfeffer,
1/4 TL Knoblauch,
300 g geriebener Käse

Zubereitung

Kartoffeln schälen, in Scheiben schneiden, die Hälfte in eine gefettete Form füllen. Die Hälfte des Käses darüberstreuen. Den Rest der Kartoffeln in die Form schichten, die Sahne, in der die Gewürze gelöst wurden, darübergießen. Mit dem restlichen Käse bestreuen. Bei ca. 150–180 Grad eine Stunde im Backofen backen.

Rezept: Hiltrud Schöndorf,
Teescheune am Hof

Kartoffelgratin mit Münsterkäse

Zutaten

4 mittelgroße mehligkochende Kartoffeln,
20 g Butter,
200 g Münsterkäse,
1 EL Kümmel,
schwarzer Pfeffer aus der Mühle

Zubereitung

Kartoffeln waschen, in Salzwasser kochen, abgießen und kurz abkühlen lassen. Den Grill vorheizen. Die Kartoffeln pellen, der Länge nach halbieren und mit der Schnittfläche nach oben kreisförmig in eine ausgebutterte, feuerfeste Form legen. Den Münsterkäse in acht Scheiben schneiden und die Kartoffeln damit belegen. Mit Kümmel und Pfeffer würzen und unter dem Grill kurz gratinieren. Als kleine Mahlzeit mit Salat servieren.

Rezept: Wirtshaus Zum Adler,
Hessenpark

Erdäpfel-Soufflé mit Tomatenschaum

Zutaten

150 g mehligkochende
Kartoffeln,
60 g Butter,
6 Eier,
150 g Speisequark,
50 g Zwiebelwürfel,
20 g Butter,
3 EL Tomatenmark,
150 g geschlagene Sahne,
Pfeffer, Salz,
Rosmarin

Zubereitung

Die geschälten und geviertelten Kartoffeln in leicht gesalzenem Wasser etwa 20 Minuten gar kochen. Das Wasser abgießen, die Kartoffeln etwas ausdampfen lassen und durch eine Presse oder ein Sieb treiben. Die Butter schmelzen, zur Kartoffelmasse geben und abkühlen lassen. Eier trennen, die Eigelbe mit dem Quark mischen und unter die Kartoffelmasse mengen. Vier Auflaufförmchen mit Butter auspinseln und mit Mehl bestäuben. Den Ofen auf etwa 180 Grad vorheizen. In eine flache, feuerfeste Form mit etwas Wasser gießen und zum Kochen bringen. Die Eiweiße mit einer Prise Salz, dem Zucker und etwas Zitronensaft cremig schlagen (nicht zu fest). Nun den Schnee unter die Kartoffelmasse heben und die Förmchen zu drei Viertel mit der Soufflémasse füllen. Die Förmchen in die wassergefüllte feuerfeste Form stellen und im Ofen auf der untersten Schiene etwa 20 Minuten backen.

Für den Tomatenschaum Zwiebeln in etwas Butter andünsten, Tomatenmark hinzugeben, mit etwas Pfeffer Salz, und Rosmarin würzen, geschlagene Sahne untermischen. Das Soufflé nach der vorgegebenen Zeit aus dem Ofen nehmen und vorsichtig stürzen. Sehr heiß servieren, da es schnell wieder zusammenfallen kann.

Rezept: Reiner Erdt, - Zur Krone, Ronneburg

Kartoffel-Lauch-Mousse

Zutaten

60 g Aspikpulver,
1/4 l flüssige Sahne,
1/2 l geschlagene Sahne,
1/4 l Brühe,
2 große Kartoffeln,
Salz, Pfeffer,
Muskat,
1 Karotte,
1 Stange Lauch

Zutaten Soße

125 g Kräuter
(z. B. Borretsch, Dill, Estragon,
Kresse, Kerbel, Petersilie,
Pimpernelle, Sauerampfer,
Schnittlauch, Zitronenmelisse),
2 hartgekochte Eier,
1/8 l saure Sahne,
1/8 l Mayonnaise,
1 Spritzer Zitronensaft,
Salz, Pfeffer,
Worcestersauce

Zubereitung

Kartoffeln und Karotten schälen, Lauch waschen und fein schneiden, Kartoffeln und Karotten in kleine Würfel schneiden und in einen Topf geben. Flüssige Sahne und Brühe dazugeben. Bei kleiner Flamme 15 Minuten köcheln lassen und mit Gewürzen abschmecken. Den Topf vom Herd nehmen, Aspikpulver hinzufügen und auf Eiswasser kalt rühren. Wenn die Masse erkaltet und leicht dicklich ist, die geschlagene Sahne unterheben. Anschließend in eine längliche, schmale Form füllen und eine Stunde in den Kühlschrank stellen. Für die Soße die Kräuter waschen, fein hacken und mit den restlichen Zutaten gut verrühren. Nach Bedarf abschmecken. Die Soße soll dickflüssig sein. Die Mousse stürzen, in fingerdicke Scheiben schneiden und mit der Soße anrichten.

Rezept: Restaurant Rastherrenstuben, Hattersheim

Kartoffelstrudel mit Odenwälder Ziegenkäse

Den Kartoffelstrudel bereitet man am besten in Portionsgröße für je 1 Person zu.

Zutaten

60 g Strudelteig (tiefgekühlt),
100 g gekochte,
noch warme Kartoffeln,
1 Eigelb,
1 TL Stärke,
1 Prise Salz,
1 Prise Muskat,
70 g Ziegenkäse,
fein gehackte Zwiebeln,
Gartenkräuter je nach
Geschmack

Zutaten
Schnittlauch-Soße

20 g Butter,
10 g Mehl,
150 ml Fleischbrühe,
100 ml Sahne,
2 cl Weißwein (Riesling),
Zitronensaft,
Salz,
feingehackter Schnittlauch,
Eigelb und
Sahne zum Bestreichen

Zubereitung

Die warmen Kartoffeln durch eine Presse drücken, mit Eigelb und Stärke binden, mit Salz und Muskat würzen. Strudelteig auf eine Größe von 20 x 30 cm ausbreiten, die Kartoffelmasse aufstreichen (ca. 1 cm dick und 4 cm breit), den Ziegenkäse mit Gartenkräutern und fein gehackten Zwiebeln, Salz und Pfeffer anmachen und auf die Kartoffelmasse geben. Zu einem Strudel zusammenrollen und die Teigenden umschlagen. Mit einer Mischung aus Eigelb und Sahne bestreichen und im vorgeheizten Backofen bei 200 Grad ca. 20 Minuten backen. Für die Schnittlauch-Soße eine Mehlschwitze bereiten, mit Fleischbrühe aufgießen, gut durchkochen lassen, mit flüssiger Sahne verfeinern, mit Weißwein, Zitronensaft und Salz abschmecken, dann den fein gehackten Schnittlauch hinzugeben. Den fertigen Strudel aufschneiden und auf der Schnittlauch-Soße anrichten.

Rezept: Landgasthof
Waldschlößchen,
Lindenfels

Schippelküchlein mit Steinpilzen

Zutaten

300 g Kartoffeln,
2 EL Mehl,
2 EL Schmand,
4 Eier,
Salz, Pfeffer, Muskat,
300 g frische Steinpilze,
1 kleine Frühlingszwiebel,
20 g Butter,
1 Zweig Thymian,
1/4 l Sahne,
0,05 l Weißwein,
1 TL gehackte Petersilie

Zubereitung

Die Kartoffeln kochen, pressen und mit dem Mehl und dem Schmand sowie den Eiern glatt rühren und würzen. Durch ein grobes Sieb streichen und in Butterschmalz zu 12 Küchlein ausbacken. Die Frühlingszwiebel kleinschneiden, in der Butter glasig dünsten und die geputzten Steinpilze zugeben. Mit dem Weißwein ablöschen und einkochen lassen. Die Sahne zugeben und bis zur gewünschten Konsistenz einkochen. Mit Salz, Pfeffer und Kräutern würzen. Blattsalate nach Saison in einem Dressing aus Kräuteressig und Distelöl kreisförmig auf dem Teller anordnen und in der Mitte ein Schippelküchlein anrichten. Steinpilze daraufgeben, mit einem weiteren Küchlein und einer Lage Pilze fortfahren. Zum Abschluß noch ein Schippelküchlein aufsetzen und mit einem halbierten angebratenen Steinpilz garnieren.

Rezept: Hotel Dölle's Nr. 1, Eschwege

Himmel und Erde

Zutaten

1 kg Kartoffeln,
1 Pfund Äpfel,
1-2 EL Butter,
1 große Zwiebel, etwas Salz

Zubereitung

Geschälte Kartoffeln in Salzwasser kochen (nicht allzu weich), Wasser abgießen. Kartoffeln dann mit etwas heißem Wasser nochmals aufsetzen. Geschälte, grob geschnittene Äpfel dazugeben, gar kochen und zum Schluß alles stampfen. Kleingeschnittene Zwiebel in Butter bräunen und darübergeben.

Pikante Kartoffelküchlein

Zutaten

350 g Kartoffeln,
30 g Butter,
1 Ei,
Mehl nach Bedarf,
feine Streifen vom Lauch,
Sellerie, Möhren,
4 EL Sauerrahm,
1 Eigelb,
Salz, Pfeffer, Muskat

Zubereitung

Die Kartoffeln kochen und fein reiben, mit der flüssigen Butter, dem Ei und den Gewürzen vermengen. Soviel Mehl darunter mengen, daß eine zusammenhängende Masse entsteht. Den Kartoffelteig auf einer bemehlten Fläche 3 cm dick ausrollen. Mit einem Ausstecher oder Trinkglas Plätzchen ausstechen und auf ein gebuttertes Blech legen. Mit einem Löffel in jedes Plätzchen eine Vertiefung drücken. Alle für die Füllung benötigten Zutaten mit dem Rahm gut einköcheln lassen. Abschmecken, zum Schluß das Eigelb unterrühren und die Masse in die Vertiefungen füllen. Im Ofen ca. 15 Minuten bei 200 Grad backen. Als Vorspeise oder als kleine Mahlzeit mit Schnittlauchrahm und Salaten der Saison servieren.

Rezept: Hotel Thielmann,
Mittenaar-Bicken

69

Schepperlinge

Zutaten
3 kg Kartoffeln,
1 Zwiebel,
150 g Mehl,
20 g Hefe,
3 Eier, Salz

Zubereitung
Kartoffeln und Zwiebeln schälen und reiben, auf einem Sieb abtropfen lassen. Aus den anderen Zutaten einen Teig herstellen und etwas gehen lassen. Dann alles vermengen und mit Salz abschmecken. Auf einem Schepperlingsblech oder in einer dünn gefetteten Pfanne werden die dünnen Schepperlinge (20 cm Durchmesser) von beiden Seiten braun gebacken. Sie schmecken am besten warm, aufgerollt und mit gebratenem Speck und Zwiebelwürfeln gefüllt.

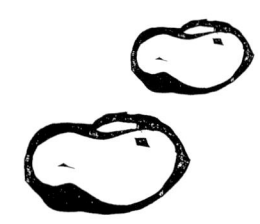

Rezept: Elli Dippel, Beiseförth

Kartoffeldätscher

Zutaten
600 g Kartoffeln vom Vortag,
1 Ei,
150 g Mehl,
Salz und Muskat

Belag
1 Becher Schmand,
etwas Öl,
Salz, Muskat

Zubereitung
Die Teigzutaten verkneten und auf einem gefetteten Backblech dünn ausrollen. Den Schmand mit dem Öl und den Gewürzen verrühren und auf den Teig streichen. Bei 200 Grad backen, bis der „Dätscher" goldbraun ist. Wer es süß mag, streut nach dem Backen etwas Zucker darüber. Variante: Statt Schmand Öl, Zucker, Zimt und Weckmehl auf den Teig streichen. Butterflöckchen aufsetzen und backen.

Rezept: Rita Wiegand,
Eiterfeld-Kornbach

70

Dreierlei Kartoffelpuffer mit Kräuterschmand

Zutaten Pufferteig

1 kg Kartoffeln,
2 Eier,
2–3 EL süße Sahne,
Salz, Pfeffer
500 g Möhren,
Oregano,
500 g Zucchini,
Basilikum,
Knoblauch,
300 g Rote Beete,
Zitronensaft,
500 g Schmand,
Kräuter aus dem Garten

Zubereitung

Kartoffeln schälen, reiben, mit den Eiern und der Sahne vermischen und salzen. Die Möhren schälen und reiben, mit Oregano würzen, ein Drittel des Kartoffelteigs zufügen. Die Zucchini mit Schale fein raspeln (nicht reiben), mit gehacktem Basilikum und gepreßtem Knoblauch nach Geschmack abschmecken, ein weiteres Drittel des Kartoffelteigs zufügen. Die Rote Beete roh reiben, Zitronensaft dazugeben und mit dem letzten Drittel des Pufferteigs vermischen. Die Puffer nun in einer Pfanne mit heißem Fett knusprig ausbacken. Den Schmand mit Kräutern und Salz verrühren und zu den Puffern reichen.

Rezept: Landgasthof „Zur Linde",
Weilrod-Gemünden

Reibeplätzchen

Zutaten

1 kg Kartoffeln
1 kleine Zwiebel
3 Eier
3 EL Haferflocken
Salz, Muskat und
Pfeffer nach Belieben

Zubereitung

Kartoffeln und Zwiebel schälen, reiben und in eine Schüssel geben. Mit den Eiern und Haferflocken zu einer homogenen Masse rühren. Gesalzenen, fetten Speck oder Schmalz in einer Pfanne auf höchster Stufe erhitzen. Die Kartoffelmasse eßlöffelweise in die Pfanne geben und flach drücken, so daß kleine Fladen entstehen. Die Reibeplätzchen werden schwimmend goldbraun gebacken, gegebenenfalls Öl nachgießen.

Rezept: Bischöfliches Ordinariat,
Limburg

Sauerkrautpuffer mit Odenwälder Ziegenkäse

Zutaten
250 g Kartoffeln,
250 g gehobeltes Sauerkraut,
150 g geriebene Äpfel,
3 Eier,
1 EL Mehl,
200 g Crème fraîche,
Ziegenkäse,
Kresse, Salz, Pfeffer, Muskat,
Schmalz zum Ausbacken

Zubereitung
Kartoffeln reiben, mit dem gut abgetropften Sauerkraut und den geriebenen Äpfeln mischen. Mit Salz, Pfeffer und Muskat würzen. Eier und Mehl zugeben. Aus der Masse dünne Puffer formen und in Schmalz ausbacken. Crème fraîche mit Salz verrühren und auf die Puffer streichen, mit Kresse bestreuen, einen zweiten Puffer darauflegen und diesen mit Ziegenkäse belegen. Einen dritten Puffer darauflegen und diesen nochmals mit Crème fraîche und Kresse garnieren.
Rezept: Hotel Waldgasthof
„Reußenkreuz", Sensbachtal

Kartoffelbrei-Plätzchen

Zutaten
Kartoffelbrei vom Vortag,
Mehl,
Zimt,
Zucker,
Butter

Zubereitung
Den Kartoffelbrei mit etwas Mehl zu Klößen formen, platt drücken und in heißer Butter goldbraun braten. Auf einem Teller anrichten und mit dem Zimtzucker bestreuen. Diese Plätzchen wurden von der ganzen Familie immer besonders gerne mit Kompott gegessen.
Rezept: Überliefert durch Anita Wolf, zubereitet von Karsten Ch. Kleinschmidt, Landgasthof Ziegelhütte, Weilrod/Ts.

Gefüllte Kartoffelrupsel aus dem Ofen

Zutaten

1 kg Wirsing,
40 g Butter,
Salz, Pfeffer, Muskatnuß,
150 g Dörrfleisch,
100 g Zwiebeln,
2 Eier,
10 EL Sahne,
1 kg Kartoffeln,
50 g Butterschmalz,
Pergamentpapier

Zutaten Soße

40 g Butter,
40 g Mehl,
30 g Zwiebelwürfel,
40 g Dörrfleischstreifen,
60 g geräucherte Rotwurst,
3/4 l Magermilch

Zubereitung

Dörrfleisch und Zwiebeln in Butter leicht anbraten, abgekochten, in Streifen geschnittenen Wirsing hineingeben, alles mit Eiersahne vermischen. Roh geraspelte Kartoffeln würzen, goldgelb anbraten. Entprechend dem Durchmesser der Springform zwei Puffer braten. Springform mit Pergament auslegen. Einen Puffer in die Form legen, Wirsingkohlfüllung daraufstreichen, dann den zweiten Puffer auflegen und seitlich andrücken. Bei ca. 200 Grad 15 Minuten im Ofen backen. Für die Soße Zwiebel und Dörrfleisch in Butter anbraten, Mehl hinzugeben und leicht bräunen lassen. Mit Milch auffüllen und aufkochen lassen, dann gewürfelte Rotwurst dazugeben. Die Soße wird zu den Kartoffelrupseln serviert.

Rezept: Wirtshaus Zum Adler,
Hessenpark Neu-Anspach

Zammete

Zutaten

Salzkartoffeln,
Mehl, Salz,
1 Ei,
Schweineschmalz oder Öl,
Rahm oder Schmand

Zubereitung

Die Kartoffeln schälen und in Salzwasser kochen. Die Kartoffeln mit einem Holzstampfer zerstampfen und mit Mehl, Ei und Salz vermengen. Mit einem Eßlöffel die „Zammete" abstechen und in reichlich heißem Fett knusprig braun braten. Zum Schluß einige Eßlöffel Schmand darübergeben. Nach Geschmack können auch gedörrte Zwetschgen oder gedörrte Birnen (in Wasser aufgekocht) dazu gereicht werden.

Rezept: Elfriede Riebold,
Landfrauenverein Landecker Amt,
Schenklengsfeld

Stampfkartoffeln mit Buttermilch

Zutaten

1 kg Kartoffeln,
50 g durchwachsener,
geräucherter Schweinebauch,
20 g Zwiebelwürfel,
1 EL zerlassene Butter,
Salz

Zubereitung

Geschälte Kartoffeln in Salzwasser kochen. Bauchfleisch würfeln und in einer Pfanne auslassen. Die Zwiebelwürfel in einer Pfanne goldgelb werden lassen. Bauchfleisch und Zwiebeln über die heißen Kartoffeln geben und alles zusammen stampfen. In einer Schüssel mit einem Löffel glattstreichen und mit etwas zerlassener Butter glasieren. Frische Buttermilch dazu reichen.

Rezept: Gasthaus „Zur Linde",
Oberaula

Dibbekuche

Zutaten

1 kg Kartoffeln,
1 Zwiebel,
125 g Dörrfleisch,
2 Brötchen,
1/2 l Milch,
Petersilie,
Salz, Muskat,
Öl

Zubereitung

Die Brötchen in Milch einweichen, die Zwiebel fein würfeln, Petersilie hacken. Die Kartoffeln schälen und reiben, dann alle Zutaten gut durchmengen, mit Salz und Muskat würzen. Nun das Dörrfleisch in einem gußeisernen Topf anbraten und die Kartoffelmasse gleichmäßig darauf verteilen. Mit Öl beträufeln und im Backofen bei 220° 1 1/2 bis 2 Stunden backen. Dazu paßt Suppe oder Apfelbrei.

Rezept: Hotel Adler, Groß-Gerau

Schales mit Solberhack

Zutaten

1 kg rohe Kartoffeln,
500 g gekochte Kartoffeln,
1 Stange Lauch,
1 Bund Frühlingszwiebeln,
600 g gepökelter
Schweinebauch,
3 Zwiebeln,
1 Knoblauchzehe,
Salz, Pfeffer, Muskat,
Speckstreifen,
Butter

Zubereitung

Rohe Kartoffeln reiben, gekochte Kartoffeln durchpressen, daraus einen Teig kneten und diesen beiseite stellen. Lauch und Frühlingszwiebeln in feine Ringe schneiden. Schweinebauch durch den Fleischwolf drehen (8 mm Lochscheibe). Diese Zutaten und den feingewiegten Knoblauch in Butter andünsten, mit den Gewürzen abschmecken und abkühlen lassen. Nun eine flache Auflaufform einfetten und mit Semmelbröseln ausstreuen. Eine Schicht Kartoffelmasse einfüllen, die Hälfte der Fleischmasse daraufgeben. Dann die nächste Schicht Kartoffelmasse einfüllen, die zweite Hälfte der Fleischmasse und zuletzt den Rest der Kartoffeln darauf verteilen. Mit Speckstreifen belegen und Butterflöckchen aufsetzen. Zugedeckt im Ofen bei 180 Grad ca. 75 Minuten backen, gegen Ende Deckel abnehmen und bräunen lassen. Mit Krautsalat und Zwiebelsoße servieren.

Rezept: Karl-Heinz Neiter,
Büdingen-Büches

Pellkartoffeln mit Duckfett

Zutaten

1 kg Kartoffeln,
2 Bund Frühlingszwiebeln,
500 g Dörrfleisch,
5–6 Zwiebeln,
2 Becher Schmand,
2 Becher süße Sahne,
Salz, Pfeffer

Zubereitung

Die Kartoffeln kochen, abschütten und warmstellen. Dörrfleisch und Zwiebeln würfeln und anrösten. Sahne und Schmand zugeben, kurz durchkochen, die in feine Streifen geschnittenen Frühlingszwiebeln dazugeben. Nicht mehr kochen. Zum Schluß mit Pfeffer abschmecken und zu den Pellkartoffeln servieren.

Rezept: Gertrud Putscher, Glattbach

Himmel und Erde mit Blutwurst

Zutaten
400 g Kartoffeln,
600 g Apfelbrei,
480 g geräucherte Blutwurst
in Scheiben,
Milch oder Sahne,
Salz, Pfeffer, Muskat,
geröstete Zwiebelringe

Zubereitung
Geschälte Kartoffeln gar kochen und durchstampfen. Milch oder Sahne unter die Kartoffelmasse rühren und mit Salz, Pfeffer und Muskat abschmecken. Blut-wurstscheiben und Zwiebelringe in einer Pfanne mit Schmalz anbraten. Apfelbrei, Kartoffelbrei, Blutwurstscheiben auf einem Teller anrichten und mit den Zwiebelringen garnieren.

Rezept: Gasthof „Brunnenwirt",
Fischbachtal-Niedernhausen

Saure Bohnen

Zutaten
Kartoffeln,
Rauhebohnen (Wollbohnen
oder Dippebohnen) angesetzt,
Salz, Pfeffer,
Zwiebeln

Zubereitung
Zwiebeln im Fett anschwitzen, mit Wasser aufgießen, saure Bohnen darin weichkochen. Kartoffeln in Würfel schneiden, in Salzwasser gar kochen und die Bohnen zugeben, gegebenenfalls mit Fleischbrühe auf-füllen. Mit Salz und Pfeffer abschmecken.

Rezept: Überliefert durch Anni
Veidt, zubereitet von Karsten Ch.
Kleinschmidt, Landgasthof
Ziegelhütte, Weilrod/Ts.

Gehitschel

Zutaten
Sauerkraut vom Vortag,
rohe Kartoffeln,
Salz und Pfeffer

Zubereitung
Die rohen Kartoffeln in Würfel schneiden und in der Sauerkrautbrühe weich kochen, mit dem Kraut vermischen. Salz und Pfeffer aus der Mühle zum Abschmecken benutzen.

Rezept: Überliefert durch Leni

Haiges, zubereitet von
Karsten Ch. Kleinschmidt,
Landgasthof „Ziegelhütte“,
Weilrod/ Ts.

Rumfutsch

Zutaten
1 kg Kartoffeln,
1 kg Sauerkraut,
500 g weiße Bohnen (Dose),
250 g Schweinebauch/
dünne Rippe,
Salz, Pfeffer,
Schmalz,
1/4 l Brühe

Zubereitung
Kartoffeln schälen, mit Salz weich kochen. Fleisch im Schmalz anbraten und aus dem Topf nehmen, in dem Fett das Sauerkraut anbraten. Fleisch wieder dazugeben, mit der Brühe ablöschen und auffüllen. Wenn Kraut und Fleisch weich sind, die Kartoffeln zerstampfen und zugeben. Zum Schluß die weißen Bohnen untermischen und mit Salz und Pfeffer aus der Mühle abschmecken.

Rezept: Landgasthof „Ziegelhütte“,
Weilrod

Odenwälder Bauernomelette

Zutaten

300 g gekochte Pellkartoffeln,
75 g Blutwurst,
75 g Leberwurst,
75 g Schwartenmagen,
2 Eier,
Salz, Pfeffer,
1 El Butterschmalz

Zubereitung

Die Pellkartoffeln schälen und in Scheiben schneiden. Das Schweineschmalz in einer Pfanne heiß werden lassen, die kleingeschnittenen Pellkartoffeln darin etwas anbräunen lassen. Die Wurst in Scheiben schneiden, dazugeben und weiterbraten. Die Eier aufschlagen, unterrühren, stocken lassen und mit Salz und Pfeffer würzen. Die Pfanne auf ein Holzbrett stellen, mit einem Salatblatt, Tomate und einem Gurkenfächer ausgarnieren.

Rezept: Wald-Hotel
„Habermannskreuz", Erbach/Odw.

Mühlen-Pann

Zutaten

600–800 g Schweinefleisch
(Kotelett, Schulter
oder Rippchen),
500 g gekochte Kartoffeln
(möglichst mehlige Sorte),
1/8 l Wasser,
etwas Fett zum Anbraten,
frischer Rosmarin,
Kümmel, Salz,
Knoblauch

Zubereitung

Das Fleisch in Würfel schneiden (Größe etwa wie bei Gulasch), mit Kümmel, Rosmarin, Salz und Knoblauch einreiben. Mit etwas Mehl bestäuben und in heißem Fett anbraten. Mit wenig Wasser aufgießen und dünsten. Dann die gewürfelten Kartoffeln dazugeben und mitdünsten. In einer Pfanne anrichten und servieren. Dazu passen gut Rosenkohl, Speckkraut und Ebereschenkompott.

Rezept: Restaurant Landsteiner
Mühle, Weilrod/Ts.

„Äiwelsches" Bauernfrühstück

Zutaten
(Menge nach Bedarf)
gekochte Kartoffeln
vom Vortag,
Wurst- und Schinkenreste,
Zwiebelwürfel,
Eier,
saure Gurken

Zubereitung

Kartoffeln in Scheiben oder Würfel schneiden und diese in einer gebutterten Pfanne rösten. In der Zwischenzeit Wurst- und Schinkenreste in Streifen schneiden, Zwiebeln würfeln und ebenfalls anbraten. Kartoffeln mit den Wurst- und Schinkenresten und den Zwiebelwürfeln vermischen. Eier aufschlagen und leicht salzen, über die Kartoffeln geben. Die Kartoffelmasse in einer Pfanne stocken lassen, anschließend auf Tellern anrichten und mit sauren Gurken garnieren. Dazu reicht man Latch mit hessischer Schmandsoße.

Rezept: Gasthaus „Zur Linde",
Oberaula

Knoblauch-Kartoffelpfanne Schäferberg

Zutaten für 4 Personen
800 g sehr kleine,
neue Kartoffeln,
1 Bund Frühlingszwiebeln,
2 EL Öl,
10 junge Knoblauchzehen,
Salz, frisch gemahlener
schwarzer Pfeffer,
einige Thymianblättchen,
12 Scheiben Dörrfleisch

Zubereitung

Die Kartoffeln gründlich waschen und die Schale mit einer Bürste leicht abschaben. Die Frühlingszwiebeln putzen und waschen, das dunkle Grün abschneiden, dann die Zwiebeln der Länge nach halbieren. Öl in einer Pfanne erhitzen, die Kartoffeln hinzugeben und von allen Seiten leicht anbraten. Nun die Frühlingszwiebeln und die geschälten Knoblauchzehen hinzufügen und ca. 5 Minuten mitbraten lassen. Mit Salz und Pfeffer würzen und mit den zerbröselten Thymianblättchen bestreuen. Etwas Wasser zugießen und das Ganze etwa 15 Minuten bei milder Hitze schmoren lassen. Gleichzeitig das Dörrfleisch kroß anbraten und damit die Pfanne garnieren.

Rezept: Blaue Ente, Espenau/Kassel

Deftige Kartoffelpfanne

Zutaten

1 kg Pellkartoffeln,
50 g Schweineschmalz,
4 Gewürzgurken,
4 Eier,
150 g Blutwurst,
150 g Schwartenmagen,
150 g Leberwurst,
gehackte Petersilie,
Salz, Pfeffer

Zubereitung

Pfanne erhitzen, Schweineschmalz hineingeben und sehr heiß werden lassen. Die in Scheiben geschnittenen Pellkartoffeln vorsichtig in die Pfanne geben, goldbraun braten, mit Pfeffer und Salz würzen. Wurstscheiben vierteln, und auf den Kartoffeln verteilen. Die aufgeschlagenen Eier darübergeben und die Pfanne schwenken. Die Gewürzgurken der Länge nach halbieren und zu einem Fächer einschneiden. Das Gericht mit Petersilie und Gurkenfächer garnieren.

Rezept: Gasthof „Brunnenwirt",
Fischbachtal-Niedernhausen

Pfifferlings-Pfanne

Zutaten

4 große Kartoffeln,
8 Scheiben
durchwachsener Speck,
1 Gemüsezwiebel,
300 g frische Pfifferlinge,
8 Scheiben Parmaschinken

Zubereitung

Kartoffeln schälen und in dünne Scheiben hobeln und in einer sehr heißen Pfanne anbraten. Den Speck in große Stücke schneiden und mit den Zwiebelringen dazugeben. Zum Schluß die Pfifferlinge dazugeben und fertig dünsten. Abschmecken mit Salz, Pfeffer, etwas Kümmel und frischem Schnittlauch. Mit Schinken-Röschen garnieren. Dazu paßt ein frisch ausgehobenes Bauernbrot.

Rezept: Apfelweinlokal Schöne
Müllerin, Frankfurt

Kietzeleu's Pännsche

Zutaten

600 g rohe Kartoffeln,
300 g Mettenden (roh),
300 g Zwiebeln,
1/2 Bund Frühlingszwiebeln,
2 Knoblauchzehen,
Pfeffer, Salz

Zubereitung

In einem Gänsebräter oder einem gußeisernen Topf etwas Öl erhitzen. Die Kartoffeln längs halbieren und in Viertel schneiden. Die Zwiebeln ebenfalls schälen und in Viertel schneiden. Die rohen Mettwürste in 3 cm dicke Stücke schneiden und alles zusammen in den Bräter geben, anbraten, würzen und im Ofen ohne Deckel ca. 35 Minuten bei 180 Grad bis 200 Grad garen. Frühlingszwiebeln in Röllchen schneiden und zum Schluß darauf verteilen.

Rezept: Restaurant Ratsstuben, Aßlar

Buttermilchkartoffeln

Zutaten

1 kg Kartoffeln,
1 Brühwürfel,
1 l Buttermilch,
2 Lorbeerblätter,
6 Pimentkörner,
5 Zwiebeln,
1 EL Mehl,
200 g Dörrfleisch,
Pfeffer

Zubereitung

Kartoffeln schälen, in kleine Stücke schneiden und in der Suppenbrühe zusammen mit den Lorbeerblättern und Pimentkörnern in einem großen Topf garen. In der Zwischenzeit Dörrfleisch würfeln, Zwiebeln schälen und zerkleinern und beides in Öl anbraten. Buttermilch mit Mehl verrühren, zu den kochenden Kartoffeln geben und kurz aufkochen lassen, dabei ständig weiterrühren. Zuletzt Dörrfleisch und Zwiebeln zugeben. Mit frisch gemahlenem Pfeffer abschmecken und heiß servieren.

Rezept: Anneliese Müller, Gießen

Aßlarer Schüssel

Zutaten

1 kg Tafelspitz,
5–8 Kartoffeln,
300 g Gemüse (z. B. Möhren,
Sellerie, Lauch),
100 g Meerrettich,
120 g Sahne,
60–80 g Reibekäse

Zubereitung

Tafelspitz waschen und wie gewohnt kochen. Die gekochten Kartoffeln schälen und in gleichmäßige Scheiben schneiden. Das Gemüse in Würfel schneiden (Brunoise) und mit feingewürfelten Zwiebeln in Butter und etwas Tafelspitz-Brühe bißfest dünsten. Vier feuerfeste Formen bereitstellen. Den inzwischen erkalteten Tafelspitz in Scheiben schneiden und in den vier Formen gleichmäßig einlegen. Das Fleisch nochmals würzen und nach Belieben mit Meerrettich bestreichen, dann auf den Meerrettich das gedünstete Gemüse und schließlich die Kartoffelscheiben auflegen, etwas Sahne über die Kartoffeln gießen und mit Reibekäse bestreuen. Im Heißluftofen bei 180 Grad ca. 15 Minuten überbacken.

Rezept: Restaurant Ratsstube,
Aßlar

Ländliches Kartoffel-Zwiebel-Ragout

Zutaten

1 kg Kartoffeln,
1 kg Zwiebeln,
10 g Knoblauch,
Pfeffer, Salz,
frisches Rosmarin,
Öl

Zubereitung

Kartoffeln schälen und der Länge nach in Viertel schneiden, Zwiebeln ebenfalls vierteln. Knoblauchzehen halbieren. Das Öl in eine flache Backform oder einen flachen Bräter geben und leicht erhitzen. Alle Zutaten in die Form geben und mit dem Öl vermengen. Im Backofen bei 220 Grad garen. Zwischendurch mit einem Holzlöffel wenden, damit die Zwiebelspitzen nicht verbrennen. Sofort heiß servieren. Schmeckt als köstliche Beilage zu vielerlei Gerichten.

Rezept: Restaurant Ratsstuben,
Aßlar

Odenwälder Kartoffelgemüse

Zutaten

6 mittelgroße Kartoffeln,
1 kleine Zwiebel,
Lorbeerblatt,
etwas Mehl,
Fleischbrühe,
Sahne,
Sauerrahmbutter,
Bauchspeck,
Salz

Zubereitung

Die Kartoffeln schälen, vierteln, und in feine Blättchen schneiden. Die gewürfelte Zwiebel in etwas Butterschmalz farblos angehen lassen, Lorbeerblatt zugeben, mit etwas Mehl bestreuen und mit Fleischbrühe ablöschen. Die Kartoffelscheiben beigeben und in der sämigen Brühe weichkochen. Mit einem Schuß Sahne und einer kleinen Flocke Sauerrahmbutter verfeinern, mit Salz abschmecken und nach Belieben mit etwas ausgelassenem Bauchspeck versetzen.

Rezept: Landhaus Baur,
Odenwald

Braunes, saures Kartoffelgemüse

Zutaten

800 g Pellkartoffeln,
0,3 l Fleischbrühe,
0,2 l Rotwein,
35 g Mehl,
40 g Butterfett,
1 mittelgroße Zwiebel,
4 Lorbeerblätter,
10 Nelken,
Salz und Pfeffer

Zubereitung

Die Kartoffeln kochen, pellen und in feine Scheiben schneiden. Die Zwiebel halbieren, die eine Hälfte mit den Lorbeerblättern und den Nelken spicken. Das Mehl in dem Butterfett braun anschwitzen, die geschnittenen Zwiebeln zugeben und kurz mitbraten, dann mit dem Rotwein und der Fleischbrühe unter kräftigem Rühren auffüllen. Die gespickte Zwiebel zugeben und bei schwacher Hitze ca. 5 Minuten mitkochen. Die Soße mit Salz und Pfeffer abschmecken, die geschnittenen Kartoffeln zugeben und alles nochmals kurz aufkochen lassen. Auf einer Platte anrichten, Schnittlauch oder Petersilie daraufstreuen und mit gebratener Blutwurst servieren.

Rezept: Hotel Restaurant Schwanen,
Beerfelden

Vegetarischer Kartoffel-Auflauf

Zutaten
1,5 kg Lauch,
1 Zwiebel,
4 Kartoffeln,
Pfeffer, Salz, Muskat,
Weißwein,
Reibekäse

Zubereitung
Kartoffeln garen. Vom Lauch das dicke, grüne Blattwerk abschneiden, die hellgrünen und weißen Enden gründlich waschen und in 2 cm dicke Scheiben schneiden. In einem Topf mit Öl die gewürfelte Zwiebel anschwitzen, Lauch dazugeben, mit Pfeffer, Salz und Muskat würzen. Anschließend mit Weißwein knapp bedecken und garen, bis der Weißwein eingekocht ist. Danach in feuerfeste Form geben, mit den Pellkartoffelschei- ben belegen, mit Käse bestreuen und im Ofen überbacken.

Rezept: Restaurant Ratsstuben, Aßlar

Reichelsheimer Backhauskartoffeln

Zutaten
900 g Kartoffeln,
900 g gepökeltes Eisbeinfleisch,
450 g Lauch,
200 g Zwiebelstreifen,
Butter,
Salz, Pfeffer,
Apfelwein

Zubereitung
Die Kartoffeln schälen und würfeln, das Eisbeinfleisch in ebenso große Würfel schneiden. Den Lauch waschen, in Streifen schneiden und dazugeben. Alles würzen und mit den Zwiebelstreifen vermischen. Alles zusammen in einen ausgebutterten Bräter füllen und mit dem Apfelwein auf halbe Höhe angießen. Im vorgeheizten Ofen bei 180 Grad 2 Stunden backen.

Rezept: Armin Treusch, Restaurant Treusch im Schwanen, Reichelsheim

Kümmelkartoffeln

Zutaten

1 kg festkochende Kartoffeln,
Öl,
Salz,
Kümmel

Zubereitung

Die Kartoffeln mit einer Bürste gründlich abbürsten und der Länge nach halbieren. Die Kartoffeln mit der Rundung auf ein gefettetes Backblech legen. Die Schnittfläche mit Öl bepinseln und mit Salz bestreuen. Bei 170° die Kartoffeln ca. 60 Minuten backen, bis sie eine goldbraune Farbe erhalten. Frühkartoffeln eignen sich sehr gut hierzu, da ihre Schale noch nicht allzu fest ist. Dazu schmeckt frischer, knackiger Salat und Hausmacherwurst.

Rezept: Regina Böhm,
Kohlbacher Hof, Brensbach

Käse-Kartoffeln vom Blech

Zutaten

1 kg Kartoffeln,
1/4 l Gemüsebrühe,
Salz, Pfeffer,
1 TL gemahlener Kümmel,
2 Zwiebeln,
1 Bund Frühlingszwiebeln,
2 Tassen saure Sahne,
2 Eier,
150 g geriebener Emmentaler,
4 Tomaten,
1 Bund Schnittlauch,
einige Butterflocken

Zubereitung

Geschälte, rohe Kartoffeln in Scheiben schneiden und auf ein Backblech legen. Mit Gemüsebrühe übergießen, Pfeffer und Kümmel darübergeben. Feingehackte Zwiebeln und Frühlingszwiebeln darauf verteilen. Im vorgeheizten Backofen bei 200 Grad 15 Minuten backen. In der Zwischenzeit die saure Sahne mit dem Emmentaler und den Eiern verrühren. Die Tomaten enthäuten und in dünne Scheiben schneiden. Anschließend die Tomaten auf den Kartoffeln verteilen und die Sahnemischung darübergießen. Frisch gehackten Schnittlauch und Butterflöckchen daraufsetzen. Nochmals 10 Minuten im Ofen backen. Dann servieren.

Rezept: Iris Lehmbach, Roxheim

Überbackene Ofenkartoffeln

Zutaten
4 große Kartoffeln,
1 Eigelb,
4 gehäufte EL Schmand,
Salz, Pfeffer,
Muskat,
Schnittlauch,
Knoblauch.

Zubereitung
Die Kartoffeln in Salzwasser (nach Belieben mit Kümmel) in der Schale garen. Anschließend den Deckel waagrecht abschneiden, das Innere der Kartoffeln mit einem Teelöffel aushöhlen. Diese Kartoffelmasse mit dem Eigelb und dem Schmand verrühren, mit den Gewürzen abschmecken und in die ausgehöhlten Kartoffeln zurückfüllen, den Deckel am Rand senkrecht einstecken und die gefüllten Kartoffeln im Ofen 15 Minuten backen. Dazu schmecken geräucherte Bratwürste, frisch gebratene Frikadellen und alles Gegrillte.

Rezept: Udo Schmidt,
Laubacher Wald

Beerfelder Kartoffel-Pilz-Roulade

Zutaten Kartoffelteig
800 g Kartoffeln,
200 g Mehl,
50 g Stärke,
3 Eier,
Salz, Pfeffer,
Schnittlauch

Zutaten Füllung
100 g gekochter Schinken,
250 g Champignons,
1 Zwiebel,
125 g Butter,
Salz, Pfeffer

Zum Abschmelzen
125 g Butter,
200 g geräucherter,
duchwachsener Speck,
1 Zwiebel

Zubereitung
Die Kartoffeln kochen, pellen, auskühlen lassen und durch eine Presse drücken. Mehl, Eier, Stärke, Schnittlauch, Salz und

etwas Pfeffer zugeben, gut durchmengen, in vier Teile aufteilen und ausrollen. Den Schinken und die Champignons im Mixer zerkleinern. Die Zwiebel würfeln und zusammen mit der Schinken-Champignon-Masse in Butter dünsten, auskühlen lassen und auf die vier Kartoffelteile aufteilen. Diese zusammenrollen, an beiden Enden zusammendrücken und in Salzwasser 15 Minuten köcheln lassen. Zwiebel und Speck würfeln und in der Butter glasig dünsten. Die Rouladen aus dem Salzwasser nehmen und darin abschmelzen.

Rezept: Zum Schützenhof,
Beerfelden

Bähbatze

Zutaten

Kartoffeln mit Schale,
Salz,
Butter,
Pflaumenmus,
Sirup

Zubereitung

Gewaschene Kartoffeln halbieren und in der Bratröhre garen. Die knusprig gebräunten Schnittflächen entweder mit Salz und/oder Butter oder mit Pflaumenmus oder Sirup bestreichen. Gleich servieren.

Rezept: Elfriede Riebold, Landecker Amt, Schenklengsfeld

Kartoffelpfannkuchen mit Wildschweinschinken und Pfifferlingsalat

Zutaten

800 g Kartoffeln,
3 Eier,
1 Tasse Mehl,
1 mittlere Zwiebel,
1 Tasse Milch,
150 g Pflanzenfett,
450–550 g
Wildschweinschinken,
500 g Pfifferlinge,
4 EL Apfelessig,
2 EL Olivenöl,
1 fein gewürfelte Schalotte,
2 TL gehackte Petersilie,
Salz, Pfeffer aus der Mühle,
Muskat

Zubereitung

Die geschälten Kartoffeln reiben, Flüssigkeit abgießen. Eier, Mehl, Milch und feingehackte Zwiebeln gut verrühren, den Pfannkuchenteig mit Salz, Pfeffer und Muskat abschmecken. Pfifferlinge putzen, waschen und in einem kleinen Topf mit etwas Wasser kurz dämpfen. Mit Salz abschmecken und das Wasser abgießen. Für die Marinade in einer Schüssel Apfelessig, Olivenöl und die anderen Zutaten verrühren, abschmecken, gut aufschlagen, damit sich das Öl nicht absetzt. Pfifferlinge und Marinade miteinander vermischen. In einer Pfanne das Pflanzenfett heiß werden lassen. Aus dem Pfannkuchenteig kleine Pfannkuchen (6 cm Durchmesser) backen, den Wildschweinschinken darauf anrichten und heiß servieren.

Rezept: Wald-Hotel „Habermannskreuz", Erbach/Odw.

Rösti gefüllt mit Gemüseragout

Zutaten Gemüseragout

1 Gemüsezwiebel,
je 200 g Möhren,
Kohlrabi,
Zucchini,
30 g Butter oder Margarine,
Salz, weißer Pfeffer,
150 g Crème fraîche

Zutaten Rösti

10 mittelgroße,
festkochende Kartoffeln,
Salz, weißer Pfeffer,
100 g Entenschmalz

Zubereitung

Für das Gemüseragout die Gemüsezwiebel schälen, halbieren und in Streifen schneiden. Möhren und Kohlrabi schälen, von den Zucchini die Enden entfernen. Alles in feine Streifen schneiden. Butter oder Margarine in einer Kasserolle erhitzen, das Gemüse darin anschwitzen und mit Salz und Pfeffer würzen. Die Crème fraîche hinzufügen und bei mittlerer Hitze einkochen lassen. Für die Rösti die Kartoffeln waschen, schälen und auf der groben Seite der Rohkostscheibe raspeln. Mit Salz und Pfeffer würzen. Das Entenschmalz in einer Pfanne erhitzen und bei mittlerer Hitze nacheinander in ca. 10 Min. kleine Plätzchen aus den Kartoffeln braten. Die fertigen Rösti warmstellen. Jeweils 2 Rösti mit dem Gemüseragout gefüllt zusammensetzen und sofort anrichten.

Rezept: Restaurant + Landhotel
Zum Niestetal, Niestetal-Heiligenrode

Kartoffel-Windbeutelcher mit Kräuterfüllung

Zutaten Windbeutel

250 g Kartoffeln,
100 g Mehl,
1/4 l Wasser,
75 g Butter,
5 Eier,
Salz, Pfeffer,
Muskat,
gemahlener Kümmel

Zutaten Füllung

125 g Frischkäse,
2 EL Crème fraîche,
gehackte Kräuter
aus dem Garten,
1 Zwiebel

Zubereitung

Kartoffeln kochen und durchpressen. Die Butter mit dem Wasser in einem Topf erhitzen, das Mehl dazugeben und mit

dem Kochlöffel kräftig durchschlagen. Die warmen durchpassierten Kartoffeln unterrühren und die Eier nach und nach darunterschlagen. Den Teig abschmecken und löffelweise Klößchen abstechen und im schwimmenden Fett ausbacken. Die Zutaten für die Füllung verrühren und in die halbierten Windbeutel spritzen.

Rezept: Landgasthof „Zur Linde",
Weilrod-Gemünden

Kartoffeln mit Gemüsefüllung

Zutaten

8 große Kartoffeln,
Karotten,
Brokkoli,
Lauch,
etwas Milch,
Salz und Muskat

Zubereitung

Kartoffeln schälen, halbieren und aushöhlen; anschließend blanchieren. Gemüse fein schneiden und mit Fett und Zwiebeln anschwitzen. Das Innere der ausgehöhlten Kartoffeln kochen und mit Milch und Muskat zu Püree verarbeiten. Mit dem Gemüse mischen und die ausgehöhlten Kartoffeln damit füllen. Mit Käse bestreuen und gratinieren. Dazu paßt gut Tomatensoße, Joghurt-Kräutersoße oder Zwiebelsoße.

Rezept: Hotel Waldgasthof
„Reußenkreuz",
Sensbachtal

Gefüllte Kartoffeln mit Gurken-Schinken-Ragout

Zutaten

8 große Kartoffeln mit Schale,
200 g gekochter Schinken,
1 Salatgurke,
frischer Dill,
1/4 l süße Sahne,
1 Zwiebel,
8 Scheiben Käse

Zubereitung

Kartoffeln halbieren, zur Hälfte aushöhlen und in Salzwasser blanchieren. Zwiebeln, Schinken und Gurken in kleine Würfel schneiden und in Butterschmalz anschwitzen, mit der Sahne ablöschen. Mit Salz, Pfeffer und Dill abschmecken und mit Stärke abbinden. Die Masse in die Kartoffelhälften füllen, diese in eine feuerfeste Form setzen, mit den Käsescheiben belegen und bei mittlerer Hitze etwa 30 Minuten überbacken.

Rezept: Apfelweinlokal
Schöne Müllerin,
Frankfurt a. M.

Kartoffelwaffeln mit Knoblauchquark

Zutaten

1 kg mehlige Kartoffeln,
2 Zwiebeln,
2 Eier,
1 Eigelb,
30 g Buchweizenschrot,
500 g Quark,
230 g süße Sahne,
1 Knoblauchzehe,
Salz, Pfeffer

Zubereitung

Kartoffeln und Zwiebeln fein reiben und diese Masse in einem Tuch gut ausdrücken. Nun mit Buchweizen, Eigelb, Eiern, Salz und Pfeffer vermengen und 20 Minuten quellen lassen. Portionsweise im Waffeleisen knusprig backen. Für den Knoblauchquark Quark und Sahne gut verrühren, mit Salz, Pfeffer und durchgepreßtem Knoblauch würzen.

Rezept: Restaurant Zum Hirsch, Flörsheim

„Kartoffel-Berta" mit Sauerkraut

Zutaten

mehlige Berta-Kartoffeln,
Sauerkraut,
gehackte Zwiebeln,
Speckwürfel,
etwas Rinderbrühe,
geriebener Bergkäse,
Butter,
Griebenschmalz

Zubereitung

Die Kartoffeln schälen, vierteln, kochen und schnell abgießen. Zwiebeln in heißem Griebenschmalz anschwitzen, Speckwürfel und Sauerkraut zugeben, mit Rinderbrühe ablösen und eine halbe Stunde ziehen lassen. Nun die Kartoffelstücke in eine feuerfeste Form geben, das Sauerkraut etwa daumendick darauf verteilen und alles mit dem geriebenen Käse bestreuen. Zum Schluß Butterflöckchen daraufsetzen und im Grill goldbraun überbacken.

Rezept: Zum Wasserweibchen, Bad Homburg

Kartoffel-Sauerkraut-Strudel mit Specksoße

Zutaten für 6-8 Personen
Teig

300 g Mehl,
1 Eigelb,
10 g Salz,
4 cl Öl,
12–15 cl Wasser

Zutaten Füllung

1 kleine Zwiebel,
etwas Kümmel,
400 g geschälte Kartoffeln,
400 g Sauerkraut,
2 Eier,
2 EL Zucker,
50 g Butter

Zutaten Soße

200 g Dörrfleisch,
200 g Zwiebeln

Zubereitung Teig

Das Mehl auf eine Arbeitsfläche sieben, in die Mitte eine Vertiefung drücken, Salz und Eigelb zugeben. Das Wasser dazugeben und von Hand kneten, bis der Teig schön glatt und geschmeidig ist. Zu einer Kugel formen und mit etwas Öl bestreichen. Den Teig mindestens 30 Minuten ruhen lassen. In der Zwischenzeit die Füllung zubereiten: Zwiebel in kleine Würfel schneiden und mit Butter in einem Topf glasig anbraten. Den Zucker zugeben und leicht karamelisieren lassen. Danach das Sauerkraut und den Kümmel zugeben und weitere 10 Minuten bei niedriger Hitze köcheln.

Etwas abkühlen lassen. Die geschälten Kartoffeln in 1 x 1 cm große Würfel schneiden und kurz blanchieren, abschütten und mit dem Sauerkraut und den beiden Eiern vermischen. Wenn die Füllung fertig ist, den Teig in rechteckiger Form mit dem Nudelholz vorrollen. Ein Leinentuch auf einem Tisch ausbreiten und gleichmäßig mit etwas Mehl bestäuben. Den Teig darauflegen und ziehen: Dazu mit beiden Händen unter den Teig fassen und von der Mitte nach außen ziehen, bis er hauchdünnn ist. Den dickeren, äußeren Teil des Teiges abschneiden. Die Füllung in einem Streifen auf den vorbe-

reiteten Teig verteilen. Nun das Leinentuch mit beiden Händen an der Seite der Füllung aufnehmen und zum Teigende hin ziehen. Den Strudel auf ein gefettetes Blech legen, mit Eigelb bestreichen und mit Sesamkörnern bestreuen. Im vorgeheizten Backofen bei 170 Grad ca. 45 Minuten backen. Für die Soße gewürfeltes Dörrfleisch und Zwiebelwürfel in etwas Butter scharf anbraten und mit Brühe und etwas Weißwein ablöschen. Die Soße etwas einkochen lassen und abschmecken.

Rezept: Gasthaus „Zur Linde",
Reichelsheim-Gersprenz

Kartoffelrädchen

Zutaten
500 g gekochte Kartoffeln,
Mehl nach Bedarf,
2 Eier,
Muskat, Salz

Zutaten Füllung
200 g Blutwurst, gewürfelt,
3 große, gewürfelte Äpfel,
1 Ei
750 g Sauerkraut,
Schmand,
gewürfeltes Dörrfleisch

Zubereitung
Gekochte Kartoffeln heiß durch die Presse drücken, auskühlen lassen. Die restlichen Zutaten unterheben. Den Kartoffelteig ausrollen und rund ausstechen.

Kartoffelteig mit Äpfeln und Blutwurst belegen, den Rand mit Eigelb bestreichen und zweite Kartoffelplatte auflegen, festdrücken. In Salzwasser bei mäßiger Hitze gar ziehen lassen.

das Sauerkraut kochen, mit Schmand und gebratenem Dörrfleisch verfeinern.

Rezept: Wirtshaus Zum Adler, Hessenpark

Kartoffelravioli

Zutaten
2 Kartoffeln,
1 Eigelb,
Salz, geriebene Muskatnuß,
200 g Mehl,
200 g Pfifferlinge,
150 g Butter,
4 Frühlingszwiebeln

Zubereitung
Kartoffeln, Eigelb, Salz, Muskatnuß und das Mehl zu einem Teig verarbeiten. Pfifferlinge und Frühlingszwiebeln in der

Butter anschwitzen und unter den Teig mischen. Ravioli ausstechen.

Rezept: Wirtshaus Zum Adler, Hessenpark

Kartoffelschmarrn „Adler"

Zutaten

1 kg mehligkochende Kartoffeln,
1 große Zwiebel,
Kümmel, Salz, Pfeffer,
150 g Butter

Zubereitung

Kartoffeln kochen, bis sie sehr mehlig und krümelig sind. Die Krümel in eine Pfanne mit 100 g Butter geben, mit Salz, Pfeffer, Kümmel bestreuen und bei geringer Hitze rösten, die Kartoffeln sollen keine oder wenig Farbe annehmen. Größere Kartoffelstücke mit einer Gabel kleindrücken. Nach Geschmack eine leicht in 50 g Butter angeschwitzte Zwiebel hinzugeben und sofort unter die Kartoffeln rühren.

Rezept: Wirtshaus zum Adler, Hessenpark

Odenwälder Räuberbrot

Zutaten

6 große Scheiben Odenwälder Kartoffelbrot,
Butter,
6 dickere Scheiben gekochten Schinken,
Ziegenkäse (Hüttenthaler Kräuterzickli)

Zubereitung

Kartoffelbrot toasten und mit Butter bestreichen. Mit dem gekochten Schinken belegen. Darauf den aufgeschnittenen Ziegenkäse verteilen und mit Oberhitze überbacken. Mit Radieschen, Gurken, Tomaten oder Salat garnieren.

Rezept: Armin Treusch, Restaurant Treusch im Schwanen, Reichelsheim

Kartoffel-Zwiebel-Kuchen

Zutaten für ein Kuchenblech Teig

250 g Mehl,
25 g Hefe,
100 g Buttermilch,
2 Eigelb,
40 g Olivenöl

Zutaten Belag

200 g Zwiebelwürfel,
200 g Salzkartoffeln
vom Vortag,
100 g Dörrfleisch/Speck,
3 Eier,
1 Becher Sahne,
Pfeffer, Salz, Majoran,
80 g geriebener Butterkäse

Zubereitung

Die Hefe in der Buttermilch mit einer Prise Zucker an einem warmen Ort auflösen. Eine Mulde in das Mehl formen und das Eigelb mit dem Ölivenöl hinzugeben. Die Buttermilch mit der aufgelösten Hefe dazugeben, einen glatten Teig kneten und gehen lassen. Nach 1 Stunde nochmals verkneten und auf Backblechgröße ausrollen. Das Blech einfetten und mit Paniermehl ausstreuen. Den ausgerollten Teig gleichmäßig darauf verteilen und mit einer Gabel einstechen. Dörrfleisch in einer Pfanne anschwitzen, die Zwiebelwürfel dazugeben und leicht dünsten. Erkalten lassen. Die Kartoffeln reiben und zu den gedünsteten Zwiebeln geben. Nun die Belagmasse mit der Sahne, den Eiern und der Gewürzen vermengen. Auf dem Teig verteilen. Mit dem Käse bestreuen und im vorgeheizten Ofen bei etwa 180 Grad ca. 20-25 Minuten backen.

Rezept: Reiner Erdt,
Restaurant Zur Krone,
Ronneburg

Schwälmer Kartoffelplatz

Zutaten

750 g Brotteig vom Bäcker
(muß vorbestellt werden),
1 kg Kartoffeln,
1 Tasse Milch,
1/2 Tasse Salatöl,
3 Eier,
1 kleine Stange Lauch,
Salz und Pfeffer, Kümmel,
100 g durchwachsener Speck

Zubereitung

Kartoffeln kochen und unter Zugabe von Milch und Öl einen Kartoffelbrei bereiten. Die Eier verquirlen und dazugeben, den Lauch kleinschneiden und ebenfalls zufügen. Mit Salz, Pfeffer und Kümmel würzen. Bei Bedarf noch etwas Milch dazugeben, damit der Brei geschmeidig wird. Den Brotteig auf einem Blech ausbreiten, die Masse auf den Teig streichen, mit Kümmel und Speckscheiben belegen. Bei 250° (Heißluft 180°) backen, bis der Kuchen oben bräunt (ca. 30-45 Minuten). Dazu paßt grüner Salat.

Rezept: Martina Plag, Schwalmstadt

Kartoffel-Handkäse-Kuchen

Zutaten

*200 g gekochte Kartoffeln
vom Vortag,
1 Ei,
50 g Butter,
100 g Mehl,
Muskat,
200 g Handkäse,
100 g harte Mettwurst,
150 g Schmand,
200 g rohe Kartoffeln*

Zubereitung

Die gekochten Kartoffeln durch eine Presse drücken. Aus der Kartoffelmasse, Ei, Butter, Mehl und Muskat einen Teig bereiten und diesen 30 Min. abgedeckt im Kühlschrank ruhen lassen. Dann dünn ausrollen und auf ein Backblech legen. Die rohen, geschälten Kartoffeln, die Mettwurst und den Handkäse in dünne Scheiben schneiden und den Teig abwechselnd damit belegen. Zum Schluß den Kuchen mit Schmand bestreichen und bei 200° ca. 30 Minuten im Ofen backen. Dazu schmeckt Apfelwein.

*Rezept: Hotel Thielmann,
Mittenaar-Bicken*

Kartoffel-Hütchen

Zutaten

*1 kg Kartoffeln,
2-3 EL Milch,
1/4 l Wasser,
40 g Fett,
Salz,
125 g Mehl,
4 Eier*

Zubereitung

Kartoffeln kochen, durchpressen, mit Salz und Milch verrühren Von Wasser, Fett, Mehl und Eiern einen Brandteig herstellen und mit den Kartoffeln vermischen. Teig in den Spritzbeutel geben und auf ein Blech kleine Sternchen spritzen. 25 Min. bei 200° abbacken. Die Kartoffel-Hütchen lassen sich gut einfrieren. Man kann sie in 12–15 Minuten bei 175° im Ofen aufbacken.

*Rezept: Elly Bolzt, LFV Landecker
Amt, Schenklengsfeld*

„Gestampfte" mit Schweinepfeffer

Zutaten

*1 kg geschälte Kartoffeln,
Gewürzbeutel mit Lorbeerblatt,
Nelken und Kümmel,
1 TL Salz,
100 g Speckwürfel,
100 g Zwiebelwürfel,
1 EL Schmalz,
Muskatnuß,*

Zutaten Schweinepfeffer

*800 g gepökeltes
Schweinefleisch,
1 Karotte,
1/2 Stange Lauch,
1/4 Knolle Sellerie,
Salz,
10 Pfefferkörner zerstoßen,
5 Lorbeerblätter,
5 ganze Nelken, gemahlene
Nelken, Thymian,
200 g Schwarzbrot,
100 g braungeröstetes
Roggenmehl,
Apfelessig,
200 g Blutwurst oder
frisches Schweineblut*

Zubereitung

Die geschälten Kartoffeln einschneiden und mit Wasser aufsetzen. Salz und Gewürzbeutel mitkochen. Wenn die Kartoffeln gar sind, diese auf einem Sieb abgießen und das Kochwasser in einer Schüssel auffangen. Im Topf Zwiebeln und Speck mit Schmalz andünsten, Kartoffeln dazugeben und mit dem Kartoffelstampfer durchstampfen. Dem Püree gegebenenfalls von dem zurückbehaltenen Kochwasser zufügen, bis es die richtige Konsistenz hat. Mit Salz, Pfeffer und Muskatnuß abschmecken. Das Pökelfleisch in einen Topf mit kochendem Wasser geben, das Wurzelgemüse und die Gewürze beifügen. Etwa 1 Stunde garen, dann herausnehmen. Den Kochsud in einen Topf sieben und weiterkochen lassen. Kleingeschnittenes Schwarzbrot hineingeben und mit dem Schneebesen verrühren. Das geröstete Roggenmehl mit etwas kaltem Wasser anrühren und durch ein Sieb in den Sud hineingießen. Gut durchkochen. Nötigenfalls mit dem Roggenmehl noch nachbinden. Zuletzt die Blutwurst zugeben. Abschmecken mit Salz, Pfeffer und gemahlener Nelke. Je nach Geschmack kann noch ein Schuß Apfelessig zugegeben werden. Das bereitliegende gegarte Fleisch in nicht zu große Würfel schneiden und in die gekochte Tunke hineingeben. Heiß auftragen.

Rezept: Familie Merkel, Pension Dornrös'chen, Höchst/Odenwald

Kartoffelsalat mit Fleischwurst

Zutaten

1,5 kg Kartoffeln,
250 g Fleischwurst,
1 dicke Zwiebel,
1 großer Apfel,
1–2 Essiggurken

Marinade

1/2 Glas Mayonnaise,
200 g süße Sahne,
1 TL Senf,
2 EL Weinessig,
1 Schuß Maggi,
etwas Gurkenbrühe,
Salz und Pfeffer
nach Geschmack

Zubereitung

Kartoffeln kochen, pellen und in Scheiben schneiden, Fleischwurst in kleine Stifte schneiden. Zwiebel würfeln, Apfel und Essiggurken kleinschneiden. Alles zusammengeben, mit Marinade übergießen, vermengen und einige Stunden ziehen lassen.

Rezept: Luise Altmüller, Landfrauenverein Landecker Amt

Butterbrot-Kartoffel

Einfach und genial ist dieses Rezept: Eine gekochte, heiße Kartoffel schälen, auf ein Butterbrot legen und leicht zerdrücken. Etwas salzen. Auf die Kartoffel kommen etwas Kaviar und frische gehackte Kräuter. Sehr lecker!

Kartoffelsalat mit Speck

Zutaten

1,5 kg Kartoffeln,
150 g Speck,
1 Zwiebel,
Gewürzbrühe,
2 EL Essig,
Salz, Pfeffer,
eine Prise Zucker

Zubereitung

Die Kartoffeln in Salzwasser kochen, schälen und in Scheiben schneiden. Den Speck würfeln und ausbraten. Aus dem Essig, der Zwiebel, Salz, Pfeffer, Zucker und der Brühe 1/2 l Salatsoße herstellen. Nun die Kartoffeln, den gebratenen Speck und die Salatsoße zusammengeben und gut durchmischen. Der Salat sollte einige Stunden vor dem Verzehr zubereitet werden, damit er gut durchziehen kann.

Rezept: „Rezepte aus der Nassauer Küche"

Biergartensalat

Zutaten
1 kg Kartoffeln,
600 g Fleischwurst,
Radieschen,
Kresse,
300 g Mayonnaise,
Pfeffer, Salz,
0,3 l kräftige Fleischbrühe,
1 Zwiebel,
Essig

Zubereitung
Kartoffeln kochen, abkühlen lassen, pellen und in gleichmäßige Scheiben schneiden. Zwiebel in feine Würfel schneiden und mit Essig, Pfeffer, Salz und der Fleischbrühe einen Sud kochen, heiß über die Kartoffeln geben und vorsichtig durchmengen. Wenn der Sud eingezogen ist, ca. 300 g Mayonnaise (beste Qualität) zugeben. Die Fleischwurst häuten, in Scheiben schneiden und zum Kartoffelsalat geben. Anrichten und mit Radieschen und Kresse garnieren.

Rezept: Restaurant Ratsstube, Aßlar

Kartoffel-Brot-Salat

Zutaten für das Brot
180 g gekochte,
zerdrückte Kartoffeln,
300 ml Milch,
2 EL Sauerrahmbutter,
1 Ei,
1 TL Salz,
1 Prise Zucker,
540 g Mehl (Typ 550),
Hefe

Zum Anrichten
1 gekochtes Ei,
Salatblätter,
Radieschen,
Schnittlauch,
Olivenöl,
Salz, Pfeffer

Zubereitung
Aus den angegebenen Zutaten einen Brotteig herstellen und ein Kartoffelbrot backen. Vier Scheiben des ausgekühlten Brotes in Würfel schneiden, mit einigen in Streifen geschnittenen Salatblättern, Radieschenstiften, einem gekochten und gehackten Ei und fein geschnittenem Schnittlauch vermengen. Zum Schluß mit etwas Olivenöl, Salz und Pfeffer marinieren.

Rezept: Landhaus Baur, Fischbachtal-Lichtenberg

Feiner Kartoffelsalat „Hessenpark"

Zutaten

1 kg festkochende Kartoffeln ,
grobes Meersalz,
1/4 l Weißwein
(Muscadet oder Chablis)

Zutaten Vinaigrette

Meersalz,
Pfeffer aus der Mühle,
1 EL Weinessig,
3 EL Öl,
1 Zwiebel,
2 Schalotten,
3 EL Kräuter (Petersilie,
Kerbel, Schnittlauch,
Frühlingszwiebel, Estragon)

Zubereitung

Die Kartoffeln in der Schale kochen, abschütten, abkühlen lassen und pellen. In 3–4 mm dicke Scheiben schneiden, in eine Schüssel geben und mit dem Wein übergießen. Vorsichtig vermischen, zudecken und lauwarm halten. Für die Vinaigrette Salz und Pfeffer in eine Schüssel geben, den Essig hinzugeben und so lange rühren, bis das Salz sich aufgelöst hat. Öl zugeben und mit dem Schneebesen aufschlagen, bis die Sauce sich gut verbunden hat. Die Zwiebel in Ringe schneiden und die Schalotten würfeln. Die Kräuter waschen, trockentupfen und hacken. Die Vinaigrette im letzten Moment über die noch warmen Kartoffeln geben, gut vermengen und zuletzt die Kräuter darüberstreuen.

Rezept: Wirtshaus Zum Adler,
Hessenpark

Frankfurter Grüne-Soße-Salat

Zutaten

1 Päckchen Grüne Kräuter,
200 g saure Sahne,
300 g Mayonnaise,
Salz, Pfeffer, Zitrone,
Worcestersauce,
500 g gekochte Kartoffeln,
400 g gekochtes Rindfleisch,
5 gekochte Eier,
200 g Schwarzwurzeln

Zubereitung

Die Kräuter waschen und trocken schleudern, danach so klein wie möglich hacken. Saure Sahne und Mayonnaise zugeben und mit Salz, Pfeffer und Worcestersauce abschmecken. Kartoffeln und das Rindfleisch würfeln, Eier in Scheiben schneiden und die in ca. 1 cm lange Stücke geschnittenen Schwarzwurzeln unter die vorbereitete grüne Soße ziehen. Nochmals nachschmecken und mindestens eine Stunde ziehen lassen.

Rezept: Horst Weihrich,
Restaurant Ratsherrenstuben,
Hattersheim

Feldsalat mit warmem Kartoffeldressing und Speck

Zutaten
200 g Feldsalat,
400 g Pellkartoffeln,
80 g Speck,
0,1 l Wasser,
Essig, Öl,
Pfeffer, Salz,
Petersilie,
Schnittlauch

Zubereitung
Den Feldsalat putzen und waschen. Die noch warmen Kartoffeln in einer Schüssel zerdrücken, mit dem Wasser glattrühren und mit Essig, Öl, Salz und Pfeffer abschmecken. Die Kräuter fein hacken und unterrühren. Den Feldsalat in einer Schüssel anrichten und das Dressing darüber verteilen. Den Speck in feine Streifen schneiden, in der Pfanne anbraten und über den Salat geben. Mit Karottenstreifen und Kirschtomaten garnieren.

Rezept: Restaurant Schloßkeller, Gießen

Kartoffel-Hähnchensalat

Zutaten
500 g Kartoffeln,
etwa 450 g Hähnchenbrust,
von Haut und Knochen befreit,
1 Salatgurke

Dressing
5 EL Salatöl,
4 EL Kräuteressig,
2 EL weiche Butter,
2 EL mittelscharfer Senf,
Salz, Pfeffer,
2 EL fein geschnittener
Schnittlauch

Zubereitung
Die Kartoffeln kochen, noch heiß pellen und erkalten lassen und kleinschneiden. Die Hähnchenbrust in der Pfanne garen und ebenfalls kleinschneiden. Die Gurke der Länge nach halbieren, entkernen und in Stücke schneiden. Alle Zutaten miteinander verrühren und Dressing übergießen. Den Salat sofort frisch servieren.

Rezept: Karin Pietrak, Landfrauenverein Landecker Amt, Schenklengsfeld

Rosenkohl-Kartoffel-Salat

Zutaten

375 g Kartoffeln,
500 g Rosenkohl,
4 Eier,
200 g Mayonnaise,
150 g saure Sahne,
1 EL grüner Pfeffer,
1 EL Sherry,
50 g Haselnüsse

Zubereitung

Die Kartoffeln in der Schale kochen, abkühlen, pellen und in Scheiben schneiden. Den Rosenkohl putzen, waschen, halbieren und in wenig Salzwasser 15 Minuten garen und abkühlen lassen. Die Eier 8 Minuten kochen, abschrecken, vierteln und beiseite stellen. Aus der Mayonnaise, der sauren Sahne, dem Pfeffer und dem Sherry ein Dressing zubereiten und mit den restlichen Zutaten mischen. Die Haselnüsse über den Salat streuen und mit den Eiern garniert servieren.

Rezept: Magdalene Hahn,
Landfrauenverein Landecker Amt,
Schenklengsfeld

Wildlachsröllchen mit Wiesensahne und blauem Kartoffelsalat

Zutaten

16 Scheiben frischer Wildlachs,
16 junge Geißfußblättchen,
16 junge Schafgarbentriebe,
8 frische Spargelstangen,
Schnittlauch,
125 g Dickmilch,
Sahne,
Salz, Pfeffer,
Wiesenkräuter,
8 kleine blaue Kartoffeln,
saure Sahne,
Schnittlauch,
Forellenrogen

Zubereitung

Die Lachsscheiben mit je einem Blatt Geißfuß, einem Schafgarbentrieb und einem dünnen Spargelstreifen belegen. Die so belegten Scheiben zu kleinen Rouladen rollen und mit Schnittlauch zusammenbinden. Aus der Dickmilch und etwas flüssiger Sahne, Salz und Pfeffer sowie den Wiesenkräutern eine Wiesensahne zubereiten. Die Kartoffeln kochen, pellen und in feine Scheiben schneiden. Aus saurer Sahne, fein geschnittenem Schnittlauch und dem Forellenrogen eine Marinade herstellen und die Kartoffeln daruntermischen. Zusammen mit den Rouladen anrichten und mit Kerbelblättchen und Gänseblümchen garnieren.

Rezept: Landhaus Baur,
Fischbachtal-Lichtenberg

Kartoffelsalat mit Pfifferlingen und Scheiben vom Reh

Zutaten
Festkochende Kartoffeln,
Rehrücken,
Pfifferlinge,
Butter,
Knoblauch,
Essig, Öl,
Salz, Pfeffer,
Senf

Zubereitung
Die Kartoffeln waschen, kochen, schälen und in Scheiben schneiden. Mit Essig, Öl, Salz, Pfeffer und etwas Senf würzen. Pfifferlinge putzen, in Butter mit Knoblauch kurz anbraten. Rehrücken zuschneiden, anbraten und würzen. Den Kartoffelsalat anrichten, mit Pfifferlingen garnieren und den in Scheiben geschnittenen Rehrücken dazugeben.

Rezept: Familie Schneider,
„Die Schmelzmühle", Ober-Klingen

Salat von zweierlei Kartoffeln mit geräucherter Entenbrust und Linsen

Zutaten
8 gleich große festkochende Kartoffeln,
8 gleich große blaue Kartoffeln,
80 g Linsen,
300 g geräucherte Entenbrust,
250 ml Vinaigrette,
Schnittlauch

Zubereitung
Die Kartoffeln in der Schale kochen, pellen und in gleichmäßige Scheiben schneiden. Die Linsen 2 Stunden in Wasser einweichen und danach weichkochen. In ein Sieb abschütten und kalt abschrecken. Zusammen mit dem feingeschnittenen Schnittlauch und einem Teil der Vinaigrette anmachen, mit Salz, Pfeffer und Zucker abschmecken. Die Kartoffelscheiben abwechselnd kreisförmig auf den Tellern anrichten, mit Salz würzen und mit der Linsenvinaigrette nappieren. Die in dünne Scheiben geschnittene Entenbrust auf dem Kartoffelsalat anrichten.

Rezept: Familie Wölfelschneider,
Hotel-Restaurant „Zur Krone",
Höchst-Hetschbach

Gefüllte Klöße auf Sauerkraut mit Speck

Zutaten

1,5 kg rohe Kartoffeln,
500 g gekochte Kartoffeln,
1/8 l Milch,
Weckmehl,
400 g gemischtes Hackfleisch,
300 g geräucherter Speck,
3 Stangen Lauch,
2 Zwiebeln,
2 Eier,
2 Brötchen,
Salz, Pfeffer,
Knoblauch

Zubereitung

Lauch, Zwiebel, Speck und das Fleisch durch den Fleischwolf drehen. Brötchen und Eier dazugeben, würzen, kleine Klößchen formen und diese kochen. Rohe Kartoffeln schälen, reiben und gut auspressen, mit den durchgepreßten, gekochten Kartoffeln, Milch, Salz und Weckmehl schnell zu einem Kloßteig verarbeiten. Die Hackfleischklößchen mit Kartoffelteig umhüllen und die Klöße in kochendem Wasser garen. Auf Sauerkraut anrichten und ausgelassenen Speck darübergeben.

Rezept: Gasthof zur Linde,
Reichelsheim/Klein-Gumpen

Gebratene Kartoffelklöße gefüllt mit Backpflaumen, dazu Apfelwein-Zwiebelgelee und Johannisbeersauce

Zutaten

400 g gekochte Kartoffeln,
30 g Stärke,
30 g Mehl,
2 Eigelb,
1 Vanilleschote,
16 entkernte Backpflaumen,
10 Löffelbisquits,
Zucker,

Zutaten Gelee

2 mittelgroße Zwiebeln,
100 ml Apfelwein,
1 EL Stärke,
1 EL Butter,
3 EL Zucker,
100 g schwarze
Johannisbeeren,
100 g rote Johannisbeeren,
2 cl Johannisbeerlikör,
2 EL Zucker

Zubereitung

Heiße Kartoffeln fein zerdrücken. Stärke, Mehl, Eigelb, Zucker und das Mark der Vanilleschote unter die Kartoffelmasse rühren, Teig abkühlen lassen. Löffelbiskuits in ein Tuch einwickeln und mit dem Fleischklopfer klein schlagen. Die abgekühlte Kartoffelmasse in acht Teile aufteilen und zu Bällchen formen. In jedes Bällchen zwei Backpflaumen drücken und in den Biskuitbröseln rollen. Im Fettbad ausbacken. Zwiebeln schälen, halbieren und in Scheiben schneiden. Butter im Topf zergehen lassen, Zwiebeln und Zucker langsam glasig anbraten. Mit Apfelwein aufgießen und aufkochen lassen. Die Stärke in Wasser auflösen und unter ständigem Rühren zu den Zwiebeln geben. Das Gelee in vier Förmchen füllen und kühl stellen. Die Beeren, Zucker und Likör in eine Schüssel geben und mit dem Mixstab pürieren. Anschließend durch ein Sieb passieren.

Rezept: Gasthof „Brunnenwirt",
Fischbachtal-Niedernhausen

Serviettenkloß mit Pfifferlingen

Zutaten

500 g kalte, gekochte,
geriebene Kartoffeln,
3 Eier,
30 g Butter,
250 g gedünstete Pfifferlinge,
50 g Semmelbrösel,
1 EL gehackte Petersilie,
Salz, Muskat

Zubereitung

Die Butter schaumig rühren, Eier, Kartoffeln, Semmelbrösel, Pfifferlinge zugeben und verkneten. Den Teig mit Salz und Muskat abschmecken und einen großen Kloß formen. Eine Stoffserviette mit Mehl bestäuben, den Kloß darauflegen, die Serviette umschlagen und locker zubinden. Ca. 1 Stunde in Salzwasser kochen. Danach den Kloß in Scheiben schneiden und sofort servieren.

Rezept: Horst Weihrich, Restaurant „Ratsherrenstuben", Hattersheim

Wetzsteinklöße

Zutaten

1 kg rohe Kartoffeln,
500 g gekochte Kartoffeln,
1 Ei,
0,25 l Milch,
Salz, Muskat,
Petersilie,
3 Frühlingszwiebeln,
50 g gebratene Speckwürfel,
50 g angeschwitzte
Zwiebelwürfel

Zubereitung

Die rohen Kartoffeln reiben, die frisch gekochten und passierten Kartoffeln und die Petersilie untermengen sowie Ei, Milch und Gewürze. Die Masse wie Wetzsteine formen und im Salzwasser garen. Inzwischen Speck und Zwiebeln anbraten, mit brauner Soße anfüllen und die Hälfte der in Ringe geschnittenen Frühlingszwiebeln dazugeben. Den Rest der Zwiebeln zum Garnieren verwenden.

Rezept: Restaurant „Ratsstuben", Aßlar

Spitzbuwe mit Specksoße

Zutaten

400 g rohe Kartoffeln,
400 g gekochte Kartoffeln,
100 g Stärkemehl,
1 Ei,
1 TL Salz, Pfeffer,
2 l Salzwasser

Zutaten Specksoße

20 g Speck,
2 Zwiebeln,
40 g Mehl,
1/4 l Milch,
1/4 l Wasser, Salz

Zubereitung

Die rohen und gekochten Kartoffeln fein reiben und miteinander vermengen. Stärkemehl, Ei, Salz und Pfeffer dazugeben und gut durchkneten. Den Teig zu fingerlangen Würstchen formen, Salzwasser aufkochen lassen und die Spitzbuwe 20 Minuten darin ziehen lassen, nicht kochen. Währenddessen den Speck und die Zwiebeln würfeln, in der Pfanne auslassen, mit Mehl bestäuben, anschwitzen und unter ständigem Rühren Milch und Wasser langsam zugießen. Etwa 10 Minuten zu einer sämigen Soße einkochen lassen. Mit Salz abschmecken. Die Spitzbuwe aus dem Wasser nehmen und abtropfen lassen, mit der heißen Specksoße übergießen.

Kartoffelwuchteln

Zutaten

500 g rohe Kartoffeln,
500 g Pellkartoffeln
vom Vortag,
2 TL Salz,
Muskat,
50 g Mehl,
1/8 l Buttermilch,
75 g Schweineschmalz,
3 Eier,
1/8 l Sahne

Zubereitung

Die rohen Kartoffeln waschen, schälen, reiben und gut ausdrücken. Die Pellkartoffeln ebenfalls schälen und reiben. Die geriebenen Kartoffeln mischen und mit Salz, Muskat und so viel Buttermilch verrühren, daß ein geschmeidiger, formbarer Teig entsteht. Das Schmalz in der Pfanne erhitzen. Mit einem in kaltes Wasser getauchtem Löffel kleine Bällchen (Wuchteln) abstechen und diese portionsweise im heißen Schmalz nur von einer Seite bräunen. Dann eine flache, feuerfeste Form mit Butter ausstreichen und die Kartoffelbällchen mit der gebräunten Seite nach unten einsetzen. Die Eier mit der Sahne verquirlen, über die Wuchteln gießen und im vorgeheizten Backofen bei 200 Grad ca. 30 Minuten überbacken, bis die Eiersahne gestockt ist.

Rezept: Hotel „Adler", Groß-Gerau

Kartoffel-Grünkernklöße auf Pilzragout

Zutaten

900 g Kartoffeln,
100 g Grünkern,
6 Eigelb,
3–5 EL Stärke,
Salz, Pfeffer, Muskat,
200 g gemischte Pilze,
30 g Zwiebeln,
120 g Sahne,
20 g Butter, Salz,
Pfeffer, Kräuter,
100 g Karotten,
100 g Sellerie,
100 g Lauch,
100 g Topinambur,
6 Röschen Blumenkohl,
6 Röschen Brokkoli,
60 g Zwiebeln,
90 g Butter,
Salz, Pfeffer,
Semmelbrösel,
Butter

Zubereitung

Grünkern kochen (wie Reis). Kartoffeln waschen, kochen, pellen und heiß zerstampfen. Den gekochten Grünkern dazugeben. Eigelb und Stärke dazugeben und gut vermengen. Den Teig mit Salz, Pfeffer und Muskat abschmecken, Klöße daraus formen und in Salzwasser kochen. Butter in einem Topf heiß werden lassen, dann die gehackte Zwiebel mit den geschnittenen Pilzen dazugeben und anschwitzen. Die Sahne dazugeben und einköcheln lassen. Mit Salz und Pfeffer abschmecken. Ganz zum Schluß die feingehackten Kräuter zugeben. Karotten, Sellerie, Lauch und Topinambur waschen, putzen und in feine Streifen schneiden. Danach blanchieren und abschrecken, ebenso die Blumenkohl- und Brokkoliröschen. Die gewürfelte Zwiebel mit Butter in einer Pfanne anschwitzen, die Gemüsestreifen dazugeben, schwenken und abschmecken. Mit den Gemüsestreifen einen Ring auf den Tellern formen, das Pilzragout in der Mitte anrichten. Darauf die Kartoffel-Grünkernklöße setzen und mit in Butter angebräunten Semmelbröseln übergießen. Mit den Blumenkohl- und Brokkoliröschen garnieren.

Rezept: Thomas Treusch, Restaurant Treusch im Schwanen, Reichelsheim

Nesterhebbes mit „Schbannschlauch"

Zutaten

500 g gekochte Kartoffeln,
1 kg rohe, geriebene Kartoffeln,
1/8 l Dickmilch,
2 EL saure Sahne,
1/2 TL Salz,
500 g Hackfleisch
halb und halb,
1 Ei,
1 fein gewürfelte Zwiebel,
Salz, Pfeffer,
500 g Lauch,
100 g durchwachsener Speck,
etwas Gemüsebrühe,
etwas Sahne,
evtl. Kräuter oder Kümmel,
Soßenbinder

Zubereitung

Gekochten Kartoffeln durch eine Presse drücken. Die rohen Kartoffeln reiben und die Masse mit Dickmilch, der sauren Sahne und dem Salz vermengen. Klöße daraus formen. Das Hackfleisch mit dem Ei, der Zwiebel, dem Salz und Pfeffer vermengen und die Klöße damit füllen. Die Klöße in Salzwasser garziehen lassen oder (etwas kalorienreicher) langsam in einer Pfanne braten. Die Klöße werden in „Schbannschlauch" serviert (= Porree, auch „spanischer Lauch" genannt). Dazu den Lauch in 1 cm große Stücke schneiden, in Gemüsebrühe nicht zu weich garen. Speck dazugeben. Die Brühe mit etwas Sahne verfeinern und mit Salz, Pfeffer, evtl. Kräutern oder Kümmel abschmecken und mit Soßenbinder andicken.

Rezept: Karin Eichel

Ausgeschöpfte

Zutaten

2 kg Kartoffeln,
1 EL Salz,
eine Tasse Mehl,
1/2 l Wasser,
100 g Butter
oder Margarine,
Semmelbrösel

Zubereitung

Kartoffeln schälen und in Scheiben schneiden, mit Wasser und Salz gar kochen. Das Kartoffelwasser abschütten, die Kartoffeln mit dem Mehl zu einer festen Masse verarbeiten. Semmelbrösel in Butter knusprig braun werden lassen. Mit einem Schöpflöffel etwas Butter und Brösel aufnehmen und damit von der Kartoffelmasse Klöße abstechen. Diese in eine Schüssel geben. Dazu schmeckt gekochtes Dörr- oder Frischobst.

Rezept: Ursula Schreiber-Arentz, Lampertheim

„Rohgereeste"

Zutaten

1 kg Kartoffeln,
3 EL Schweineschmalz oder
Butterschmalz,
1 Zwiebel,
Pfeffer, Salz,
1/2 Tasse Wasser,
mindestens 1/2 Stunde Zeit

Zubereitung

Die Kartoffeln schälen und in gleichmäßig dünne Scheiben schneiden. In einer Pfanne Fett erhitzen, feingeschnittene Zwiebeln darin hellgelb rösten, Kartoffeln zugeben und würzen. Die Kartoffeln müssen mit einem Wender sofort umgedreht werden, so daß die Zwiebeln nach oben kommen. Nun tröpfchenweise Wasser zugeben und zugedeckt auf kleiner Flamme rösten. Die Kartoffeln in der Pfanne nicht zu oft bewegen; erst wenn die untere Seite leicht braun und fest geworden ist, wieder vorsichtig wenden. Das Wenden mehrfach wiederholen, bis die Bratkartoffeln kroß sind. Währenddessen die Brattemperatur erhöhen. Vor dem Servieren salzen und eventuell mit etwas Butter verfeinern.

Blutwurst-Geröste

Zutaten pro Person

100 g Pellkartoffeln,
etwas Fett,
gehackte Zwiebeln,
ca. 120 g Blutwurstwürfel
(ca. 1 cm groß),
klare Brühe,
frisch gehackter Majoran

Zubereitung

Die Pellkartoffeln in Scheiben schneiden und in einer Pfanne anbraten. Die Zwiebeln dazugeben und diese mitbräunen. Nun die Blutwurstwürfel dazugeben und zusammen weiterbraten. Mit klarer Brühe ablöschen und vor dem Servieren den frisch gehackten Majoran darüberstreuen.

Rezept: Restaurant Landsteiner Mühle, Weilrod

Bratkartoffeln mit Dickmilch, Zimt und Zucker

Zutaten
1 EL Schweineschmalz,
400 g gekochte Kartoffeln,
Zwiebeln, Salz

Zubereitung
Das Schweineschmalz in einer Pfanne heiß werden lassen. Die geschnittenen Kartoffeln dazugeben, anbraten und salzen. Die Zwiebeln dazugeben, knusprig braun braten. Die Dickmilch in einen Teller geben, mit Zimt und Zucker bestreuen und zu den Bratkartoffeln essen.

Rezept: Gasthof zur Linde,
Reichelsheim/Klein-Gumpen

„Wozu hat der liebe Gott die Kartoffeln erschaffen?"
„Zum Essen!"
„Nein, damit die armen Leute auch etwas haben, dem
sie das Fell über die Ohren ziehen können!"
Carl Zuckmayer in „Katharina Knie"

Rehrücken-Filet auf Rotweinsoße mit Füllung von Kartoffeln und Kaninchenleber

Zutaten

1 ganzer Rehrücken,
16 Scheiben Bacon,
Butterschmalz zum Braten

Zutaten Füllung

80 g Rehrücken, enthäutet,
50 g Sahne,
30 g Kaninchenleber,
100 g gekochte Kartoffeln,
50 g Pistazien,
Salz, Pfeffer,
Oregano

Zutaten Soße

die klein gehackten Kartoffeln
des Rehrückens,
Röstgemüse,
1 EL Tomatenmark,
70 g Mehl,
0,4 l Rotwein,
1/2 l Wasser,
1 Lorbeerblatt,
1 Nelke,
6 Wacholderbeeren,
1/2 TL Rosmarin,
Salz, Pfeffer

Zubereitung

Rehrücken ausbeinen und enthäuten. Die Rehrückenstränge in Portionen von ca. 120 g teilen. In die Portionsstücke der Länge nach eine Tasche schneiden, diese aufklappen, und leicht klopfen.

Zubereitung Füllung

Rehrückenfleisch in Würfel schneiden und mit der Sahne und den Gewürzen zu einer Farce pürieren. Die Kaninchenleber in der Pfanne braten, abkühlen lassen und in kleine Würfel schneiden. Die gekochten Kartoffeln ebenfalls kleinwürfeln, die Pistazien dazugeben und alles gut durchmischen. Je ein Viertel der Farce auf die Portionsstücke verteilen, glattstreichen und wieder zusammenklappen. Die Stücke jeweils mit 4 Scheiben Bacon umwickeln. Die Öffnung der Fleischstücke mit Holzspießchen zustecken und mit Küchen-

garn zuziehen. Die gefüllten Rehrückenstücke in einer Pfanne mit 1 EL Butterschmalz leicht anbraten und mehrmals wenden. Im Backofen bei 180 Grad ca. 15 Minuten garziehen lassen. Für die Soße die Knochen des Rehrückens klein hacken, im Fett anbraten. Röstgemüse (Zwiebeln, Karotten, Sellerie, Weißes vom Lauch) sowie 1 EL Tomatenmark zugeben und ebenfalls mit anschwitzen. Mit 0,2 l Rotwein ablöschen und einkochen lassen. Mit dem Mehl bestäuben und nochmals mit 0,2 l Rotwein und dem Wasser ablöschen. Die Gewürze in die Soße geben und ca. eine halbe Stunde kochen lassen. Die Soße durchsieben und zu den Rehrücken-Filets reichen.

Rezept: Landgasthof
Waldschlößchen, Lindenfels

Kartoffeleckchen mit Kaninchenkeule

Zutaten

2 Kaninchenkeulen,
1/2 gewürfelte Karotte,
1/2 geschnittene Zwiebel,
etwas gewürfelte Sellerieknolle,
1TL Tomatenmark,
1/4 l Rotwein,
1/4 l Wildfond,
1/2 TL Thymianblätter,
1TL Rosmarinblätter,
2 Wacholderbeeren,
Salz und Pfeffer

Zutaten Kartoffeleckchen

500 g gekochte, geriebene
Kartoffeln vom Vortag,
1 EL geriebener
Schweizer Käse,
50 g Butter,
1 Ei,
Salz, Muskat

Zubereitung

Die Kaninchenkeulen leicht anbraten, die Zwiebel, Sellerie und Karotte dazugeben und mit dem Tomatenmark anschwitzen, mit Rotwein ablöschen und etwas einkochen. Mit Wildfond auffüllen und abgedeckt, möglichst im Ofen 1/2 Stunde garen. 5 Minuten vor dem Ende der Garzeit Rosmarin, zerdrückte Wacholderbeeren und die Thymianblätter dazugeben. Die Keulen herausnehmen, den Fond abpassieren und mit Salz und Pfeffer würzen. Für die Kartoffeleckchen alle Zutaten mit temperierter Butter zu einem glatten Teig verarbeiten. Auf einem bemehlten Brett 1cm dick ausrollen. Rauten schneiden und diese auf ein gebuttertes Blech setzen, mit verquirltem Ei bestreichen, den Käse darüberstreuen und bei mittlerer Hitze ca. 15 Minuten backen.

Rezept: Hotel-Restaurant
„Schwanen", Beerfelden

Kartoffelroulade mit Kalbsgeschnetzeltem

Zutaten

300 g Kartoffeln,
20 g Grieß,
20 g Mehl,
2 Eigelb,
150 g Speckwürfel,
100 g Zwiebelwürfel,
20 g gehackte Petersilie,
100 g gehackte Champignons,
Salz, Muskat,
Kalbfleisch,
Zwiebel,
Champignons,
Weißwein,
Zitronensaft,
Kalbsjus,
Rahm, Butter

Zubereitung

Die Kartoffeln kochen und durchpressen. Mit Grieß, Mehl und Ei vermengen, mit Salz und Muskat würzen. Diese Masse zu einem Rechteck ausrollen. Die restlichen Zutaten andünsten und auf der Kartoffelmasse verteilen. Dann einrollen und in ein Tuch rollen und im Dampf garen. Von der fertigen Roulade dicke Scheiben schneiden und in der Pfanne anbraten. Für das Geschnetzelte feine Streifen von Kalbfleisch in Butter kurz anbraten, ohne daß das Fleisch Farbe annimmt, und auf einem Sieb abtropfen lassen. Fein geschnittene Zwiebeln in Butter glasig werden lassen, mit etwas Weißwein und Zitronensaft ablöschen. Mit gebundener Kalbsjus und Rahm zu einer sämigen Soße verkochen, mit Salz und Pfeffer abschmecken. Zum Schluß das Fleisch, den Fond und geschnittene Champignons dazugeben.

Rezept: Hotel-Restaurant „Zum Schwanen", Beerfelden

Nasse Kartoffelschnitz mit Rinderbrust und frisch geriebenem Meerrettich

Zutaten

1 EL Schweineschmalz,
1 mittelgroße Zwiebel,
1 kg Kartoffeln,
2 Karotten,
2 Stangen Lauch,
1/2 Sellerieknolle mit Kraut,
Liebstöckel,
Salz, Pfeffer und Muskat,
1 1/2 kg Rinderbrust,
1 Meerrettichstange

Zubereitung

Zwiebel in Würfel schneiden und in heißem Schweineschmalz glasig werden lassen. Die Rinderbrust in Wurzelsud garen. Die Kartoffeln in Schnitze schneiden, Karotten und Sellerieknolle würfeln, den Lauch, den Liebstöckel und das Selleriekraut kleinschneiden. Alles zum Schmalz und den Zwiebeln in den Topf geben, mit dem Wurzelsud des Rindfleischs auffüllen, mit Salz und Pfeffer würzen. Ca. 30–40 Minuten kochen lassen. Mit etwas Muskat nachwürzen und abschmecken. Mit der gekochten Rinderbrust in einer großen Schüssel servieren, dazu frisch geriebenen Meerrettich reichen.

Rezept: Gasthof „Zur Linde", Reichelsheim-Klein Gumpen

Geminner Kartoffelrolle

Zutaten

*1 kg mehligkochende
Kartoffeln,
2 Eier,
125 g Mehl,
Salz, Pfeffer,
gemahlener Kümmel,
Muskat*

Zutaten Füllung

*100 g Leberwurst,
100 g Blutwurst,
400 g Sauerkraut,
1 gehackte Zwiebel,
Thymian, Majoran,
Senf, Pfeffer,
1 eingeweichtes Brötchen,
1 Ei*

Zubereitung

Die Kartoffeln kochen und noch warm durchpressen. Mit den Eiern und dem Mehl zu einem griffigen Teig verkneten. Kräftig würzen und auf einer bemehlten Arbeitsfläche dick ausrollen. Die Leber- und Blutwurst kleinschneiden, mit gehacktem Sauerkraut, der Zwiebel, den Kräutern und Gewürzen vermischen. Das zerpflückte Brötchen und das Ei hinzugeben. Mit Semmelbrösel binden und die Masse gleichmäßig auf dem Kartoffelteig verteilen, diesen zu einer großen Rolle zusammenrollen und den Rand gut festdrücken. 2–3 cm große Scheiben abschneiden und diese in schwimmendem Fett ausbacken.

Rezept: Landgasthof „Zur Linde", Weilrod-Gemünden

Landsteiner Kartoffelrolle

Zutaten

*300 g mehligkochende
Kartoffeln,
Salz, frisch gemahlener Pfeffer,
Muskat,
2 Eier, 1 Eigelb,
10 g doppelgriffiges
 Weizenmehl,
10 g Butter,
50 g durchwachsener Speck,
1 mittelgroße Zwiebel,
2 EL gehackte Kräuter,
Spinat,
20 g flüssige Butter*

Zubereitung

Die gekochten, noch warmen Kartoffeln durchpressen und mit Salz, Muskat, etwas Kartoffelmehl und den Eiern einen Kartoffelteig herstellen. Diesen zu einer viereckigen Platte (ca. 1 cm dick) ausrollen. Fein gehackte Zwiebeln und Speck in einer Pfanne anbraten und etwas abgekühlt gleichmäßig auf die Platte verteilen, ebenso die Kräuter und den Spinat. Nun den Teig zu einer Rolle aufwickeln und auf ein Backblech heben. Mit Ei bepinseln und ca. 30 Minuten bei 160 Grad backen.

Rezept: Restaurant Landsteiner Mühle, Weilrod

Kartoffel-Pfifferling-Krautwickel

Zutaten

6 große Wirsingblätter,
2 Eier,
50 ml Sahne,
500 g gekochte Kartoffeln,
4 EL Stärke,
400 g geputzte Pfifferlinge,
Butter,
Salz, Pfeffer,
2 EL Zwiebelwürfel,
Fleisch- oder Gemüsebrühe,
300 g Tomatenfleisch,
fein geschnittene Kräuter,
Kräuterbutter

Zubereitung

Die Wirsingblätter blanchieren und abschrecken. Die Kartoffeln reiben und mit Sahne, Stärke und Ei verkneten. Die Pfifferlinge grob hacken und in der Butter anschwitzen, etwas erkalten lassen und unter die Kartoffelmasse kneten. Mit Salz und Pfeffer würzen. Die Masse auf den Wirsingblättern verteilen und diese dann fest zusammenrollen. Die Zwiebelwürfel in einen gefetteten Bräter streuen und die Krautwickel daraufsetzen. Mit Brühe ca. 1 cm hoch angießen und im vorgeheizten Ofen bei 200 Grad 15 bis 30 Minuten garen. Für die Soße Zwiebelwürfel in Kräuterbutter anschwitzen, das Tomatenfleisch dazugeben und sehr weich dünsten. Mit dem Mixstab leicht pürieren. Mit Brühe bis zur gewünschten Konsistenz verdünnen, würzen und die Kräuter zugeben.

Rezept: Armin Treusch, Restaurant
Treusch im Schwanen, Reichelsheim

Forellen-Kartoffelroulade auf Kartoffelstroh

Zutaten

4 ganze Forellen,
1 ganze Lachsforelle,
2 Zwiebeln,
200 g Blattspinat,
300 g Kartoffeln,
3 Eier,
ca. 1/4 l Sahne,
ca. 10 cl Weißwein,
50 g Butter,
Dill,
Lorbeerblätter,
Wacholderbeeren,
Salz, Pfeffer, Muskat

Zubereitung

Kartoffeln schälen, zwei Drittel in feine Streifen schneiden und wässern. Den Rest für Kartoffel-Forellenfarce abkochen. Die Forellen möglichst vom Händler filetieren lassen, aus den anfallenden Abschnitten Fischfond bereiten. Dazu die Reste mit Wasser, Weißwein, Salz, Dill, Lorbeerblatt, Wacholderbeeren, Karotten-, Lauch- und Selleriewürfeln kochen. Die Forellenfilets gut in Form schneiden, auf eine gebutterte Alufolie legen, leicht salzen und danach die Filets mit den gewaschenen und von Stielen befreiten Spinatblättern belegen. Für die Kartoffel-Fisch-Füllung die Lachsforellenfilets grob hacken, die Hälfte davon mit den restlichen Forellenfiletabschnitten und der Sahne kuttern, durch ein feines Sieb streichen und mit den Eiern und den gekochten, durchgedrückten Kartoffeln vermengen. Mit Salz, Pfeffer, Weißwein und Sahne verfeinern, die gehackten Lachsforellenwürfel untermengen und die Forellenfilets mit der Masse bestreichen. Danach die einzelnen Filets zu Rouladen zusammenrollen und in den durchpassierten Fischsud geben. 20 Minuten köcheln lassen. Die gewässerten Kartoffelstreifen in einem Tuch gut trocken reiben und in Butter knusprig anbraten.

Rezept: Hotel Berghof,
Michelstadt-Weitengesäß

Kartoffelroulade im Räucherlachsmantel

Zutaten

500 g Räucherlachsscheiben,
800 g mehligkochende
Kartoffeln,
100 g Butter,
300 g Mehl,
80 g Weizengrieß,
4 Eigelb,
Salz, Muskat, Dill, Kerbel,
1 rote Paprika,
Aluminiumfolie, Schnur

Zubereitung

Die Kartoffeln waschen und schälen. Die Paprikaschote putzen und fein würfeln, die Kräuter fein hacken. Die Kartoffeln kochen, ausdampfen lassen und durchpressen. Alle Zutaten, auch Kräuter und Paprika zugeben und alles zu einem noch warmen Teig verkneten. Mit Salz und Muskat abschmecken. Die Lachsscheiben zu einem gleichmäßigen Rechteck auf der gebutterten Alufolie auslegen. Die noch warme Kartoffelmasse auf den Lachs geben und mit einer Palette gleichmäßig verteilen. Die Folie an den Ecken anheben und vorsichtig hochziehen und so eine Rolle formen. Diese in Folie einpacken. Mit Schnur zubinden, um die Form zu erhalten und im Wasserbad bei 800 Grad eine Stunde ziehen lassen. Kalt oder warm servieren; dazu paßt Knoblauchsoße oder Kräutercreme.

Rezept: Hotel-Restaurant „Kreidacher Höhe", Wald-Michelbach

Rehsteak mit Birnenkartoffeln im Kartoffelnest

Zutaten

800 g Rehrücken,
1/8 l Wasser,
15 g Butter,
50 g Mehl,
1 Ei,
500 g Kartoffeln,
weitere 2–3 Kartoffeln in dünne Scheiben geraspelt

Zubereitung

Die 500 g Kartoffeln schälen und in Salzwasser kochen. Wasser und Butter erhitzen, das Mehl dazugeben und abbrennen. Vom Herd nehmen und etwas abkühlen lassen. Das Ei untermischen und die Kartoffeln dazupressen. Mit Salz und Muskat abschmecken. Aus der Masse Birnen formen und in der Friteuse ausbacken. Rehsteaks mit Mehl bestäuben, braten, würzen. Die in Scheiben geraspelten Kartoffeln in einen „Nestback-löffel" (eine Art doppeltes Sieb aus dem Fachgeschäft) pressen. In der Friteuse bei ca. 180 Grad ca. 3–4 Minuten ausbacken. Die Kartoffelnester mit Pfifferlingen füllen und Birnenkartoffeln dazugeben.

Rezept: Hotel Waldgasthof „Reußenkreuz", Sensbachtal

Kalbsbacke in Kartoffelfäden

Zutaten

600 g Kalbsbacke,
300 g Röstgemüse,
1 EL Tomatenmark,
200 ml Rotwein,
500 ml Kalbsfond,
4 Kartoffeln,
300 g Sauerkraut,
150 ml Sahne,
2 Schalotten,
200 g Pfifferlinge,
100 g Butter,
Gewürze

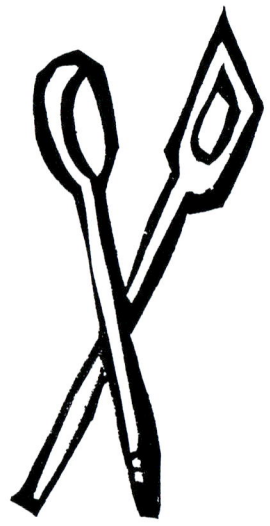

Zubereitung

Die Kalbsbacken von beiden Seiten mit Salz und Pfeffer würzen und in einem Bräter kurz anbraten. Röstgemüse zugeben, kurz angehen lassen, Tomatenmark mitrösten und mit dem Rotwein ablöschen. Mit Kalbsfond auffüllen, Gewürze zugeben und ca. 45 Minuten weichschmoren lassen. Kalbsbacken herausnehmen, Fond abpassieren, auf die Hälfte einkochen lassen und abschmecken. Dann mit kalter Butter und angerührter Speisestärke abbinden. Die Kartoffeln mit dem Kartoffelschneider in dünne Spaghettistreifen schneiden und die Backenstücke darin einwickeln. In heißem Fett ca. 3 Minuten ausbacken. Für das Sauerkraut die Schalotten in dünne Streifen schneiden, in etwas Butter dünsten, das Sauerkraut und die Sahne dazugeben, kurz einkochen lassen und abschmecken. Die Pfifferlinge ebenfalls in Butter schwenken, um die Kalbsbacken mit der Soße anrichten.

Rezept: Hotel-Restaurant
Zur Krone, Höchst-Hetschbach

Ochsenbrust im Kartoffelmantel

Zutaten

800 g Ochsenbrust,
4 Kartoffeln,
600 g Wurzelgemüse,
2 Zwiebeln, Gewürze,
20 g Mehl,
1/2 l Milch,
100 ml Sahne,
50 g frisch geriebener
Meerretich

Zubereitung

Die Ochsenbrust in heißem Wasser mit der Hälfte des Wurzelgemüses und einer Zwiebel gar kochen. Die andere Hälfte des Gemüses im Kochfond blanchieren und in heißer Butter kurz schwenken. Die Ochsenbrust in gleichmäßige Scheiben schneiden, salzen, pfeffern und in den roh geraspelten Kartoffeln einpacken. Von beiden Seiten in heißem Fett knusprig braten. Für die Meerrettichsoße die feingewürfelte Zwiebel in Butter andünsten, mit Mehl bestäuben, Milch, Sahne und Gewürze zugeben und 5 Minuten kochen lassen. Danach durch ein feines Sieb passieren, den geriebenen Meerrettich zugeben, mit Salz, Pfeffer und einer Prise Zucker abschmecken und anrichten.

Rezept: Hotel-Restaurant
Zur Krone, Höchst-Hetschbach

„Äppelwoihinkelche"
Gebratene Hühnchenbrust und -keule auf Champignons und Zwiebeln in Apfelweinsoße mit Praunheimer Kartoffelgratin

Zutaten für 4–6 Personen
500 g Kartoffeln,
300 g Äpfel,
200 g Sahne,
Salz, Pfeffer, Muskat
2 Brathähnchen,
Champignonköpfe und
Zwiebelstreifen

Zubereitung

Kartoffeln und Äpfel schälen und in dünne Scheiben schneiden. Schichtweise in eine feuerfeste Form geben. Die Sahne mit Salz, Pfeffer und Muskat würzen und darübergießen. Das Gratin 45 Minuten bei 180 Grad backen. Die Brathähnchen in Brust und Keule zerteilen und mit Salz und Pfeffer würzen. Zusammen mit den geviertelten Champignonköpfen und den Zwiebelstreifen in einen Bräter geben und mit etwas Öl beträufeln. Bei 220 Grad ca. 25 Minuten im Ofen backen, während des Bratens abwechselnd mit Apfelwein und Bratenjus begießen.

Rezept: Schuch's Restaurant GmbH,
Frankfurt a. M.

Rehlendchen mit Kartoffel im Mangoldblatt und Trompetenpilzjus mit Kartoffelspatzen

Zutaten

6 große Mangoldblätter,
750 g Rehfilets,
250 g Kalbfleisch,
1 Ei,
100 ml Sahne,
300 g gekochte Kartoffeln,
fein geschnittene Kräuter,
Schweinenetz,
Butterschmalz,
Butter,
Salz, Pfeffer

Zutaten Trompetenpilzjus

600 ml Wildgrundsoße,
1 EL Zwiebelwürfel,
Olivenöl,
150 g Trompetenpilze,
etwas Thymian,
200 ml guten Rotwein,
Salz, Pfeffer.

Zutaten Kartoffelspatzen

400 g Mehl,
4 Eier,
Wasser,
Salz, Muskat,
30 g Pellkartoffeln,
Butter

Zubereitung

Die Mangoldblätter blanchieren und abschrecken. Das Kalbfleisch zu einer feinen Hackfleischmasse verarbeiten, Sahne, Ei sowie die Kräuter unterkneten. Mit Salz und Pfeffer würzen. Die gekochten Kartoffeln in Würfel schneiden und unter die Hackfleischmasse heben. Die

Rehfilets würzen und in Butterschmalz anbraten. Die Kartoffel-Hackfleischmasse auf den Mangoldblättern verteilen und die Rehfilets drauflegen. Die Blätter nun fest einrollen und mit dem Schweinenetz umhüllen. Im vorgeheizten Ofen bei 200 Grad je nach Dicke 15 bis 30 Minuten garen. Für die Trompetenpilze die Zwiebelwürfel in Olivenöl glasig dünsten. In der Zwischenzeit die Pilze waschen und kleinschneiden. Diese zu den Zwiebeln geben und dünsten. Dann mit Rotwein ablöschen und auf die Hälfte einkochen. Mit der Wildgrundsoße auffüllen und gut durchkochen. Mit Salz und Pfeffer abschmecken. Für die Kartoffelspatzen Mehl und die durchgepreßten Pellkartoffeln in eine

Schüssel geben, in der Mitte eine Mulde formen und dort hinein die Eier, etwa 100 ml Wasser und die Gewürze geben. Die Masse am Anfang vorsichtig mit der Hand vermengen, dann kräftig durchschlagen, bis der Teig glatt ist und Blasen wirft. Die Spatzen von einem Brett in kochendes Wasser schaben oder durch eine Spätzlepresse drücken. Portionsweise verarbeiten, aufkochen lassen, dann einem Schaumlöffel herausnehmen und mit kaltem Wasser abschrecken. Wenn alle Spatzen fertig sind, werden sie vor dem Anrichten in heißer Butter angeschwenkt.

Rezept: Armin Treusch,
Restaurant Treusch im Schwanen,
Reichelsheim.

Kartoffel-Cordon-Bleu

Zutaten

500 g gekochte Kartoffeln,
50 g Kartoffelstärke,
50 g Mehl,
3 Eigelb,
4 Scheiben gekochter Schinken,
4 Scheiben Käse,
Salz, Pfeffer, Muskat,
Semmelbrösel

Zubereitung

Kartoffel fein reiben, mit Stärke, Mehl und Eigelb zu einem Teig verarbeiten und diesen vierteln. Nun jedes Teigstück auf einem Tuch ausrollen, jeweils eine Scheibe Schinken und Käse in die Mitte legen. Dann die Teigplatten zuklappen, in Semmelbrösel panieren und in heißem Fett goldbraun backen.

Rezept: Gasthof „Brunnenwirt",
Fischbachtal-Niedernhausen

Flugentenbrust in Kartoffel-Apfelkruste mit Apfelwein-Soße

Zutaten

4 Entenbrüste,
400 g Kartoffeln,
 8 Äpfel
(davon 4 Äpfel für Mus oder
wahlweise ein Glas Apfelmus),
70 g Butter,
1/2 Zitrone,
Muskat, Salz, Pfeffer,
0,1 l Apfelwein,
Butter

Zutaten Soße

Butter,
1/2 Zwiebel,
1/4 l Apfelwein,
0,1 l Sahne,
0,4 l Bratensoße

Zubereitung

Kartoffeln schälen, kochen und heiß durchpressen. Zwei Äpfel schälen, Gehäuse entfernen, in Spalten schneiden und in 0,1 l Apfelwein mit Zitronensaft dünsten. Danach mit dem Apfelmus, Muskat, Salz und Pfeffer unter die Kartoffelmasse mengen. Die Entenbrüste würzen, rosa braten (ca. 25 Minuten), in Scheiben schneiden und die Kartoffelmasse darauf verteilen. Butterflöckchen darauf setzen (ca. 20 g) und im Grill überbacken. Für die Soße Zwiebeln würfeln und in etwas zerlassener Butter glasig dünsten. Zwei Äpfel schälen, Gehäuse entfernen, in Spalten schneiden, zu dem Zwiebeln geben und mit 1/4 l Apfelwein ablöschen. Bratensoße zugeben, kurz aufkochen lassen und die Sahne unterrühren.

Rezept: Zum Schützenhof,
Beerfelden

121

Lammrücken im Kartoffelmantel mit Kartoffeldaatsche

Zutaten

900 g Lammrückenfilet,
600 g Kartoffeln,
300 g helle Fleischfarce,
Schweinenetz,
Salz, Pfeffer,
Fett,
400 ml Lammjus,
Bärlauch,
150 g Tomatenfleisch,
20 g Butter,
30 g Zwiebelwürfel,
100ml Rotwein

Zutaten Kartoffeldaatsche

600 g Kartoffeln,
2 Eigelb,
2 EL Stärke,
1 EL gehackte Kräuter,
Salz, Muskat,
Butter

Zubereitung

Lammrücken würzen und anbraten. Die Kartoffeln schälen und in ganz dünne Scheiben schneiden. Diese schuppenförmig so auf dem Schweinenetz verteilen, daß danach der Lammrücken komplett eingehüllt werden kann. Die Kartoffelscheiben mit der Farce bestreichen, den Lammrücken darauflegen und fest zusammenrollen. Im vorgeheizten Ofen bei 200 Grad 15 bis 20 Minuten backen. Die Kartoffeln sollen schön bräunen, dafür eventuell zwischendurch mit flüssiger Butter bestreichen. Die Zwiebelwürfel und den feingeschnittenen Bärlauch in Butter andünsten. Mit dem Rotwein ablöschen und auf die Hälfte einkochen lassen. Das Lammjus zugeben und gut durchkochen. Ganz zum Schluß das gewürfelte Tomatenfleisch zugeben und abschmecken. Für die Kartoffeldaatsche die Kartoffeln kochen und heiß durchpressen. Alle Zutaten mit der Kartoffelmasse vermischen. Dann auf einem bemehlten Brett zu 5 cm dicken Rollen formen und kalt stellen. In Scheiben schneiden, in Mehl wenden und in Butterschmalz anbraten.

Rezept: Armin Treusch, Restaurant
Treusch im Schwanen, Reichelsheim

Brust vom Freilandhähnchen mit Kartoffel-Spinatfüllung

Zutaten

6 Freilandhähnchenbrüste,
Butterschmalz,
400 g Kartoffeln,
2 Eigelb,
2 EL Stärke,
150 g Blattspinat,
Salz, Pfeffer, Muskat,
50 g Zwiebelwürfel,
40 g Karottenwürfel,
30 g Lauchstreifen,
80 g Apfelwürfel,
400 ml Geflügeljus,
200 ml Apfelwein

Zubereitung

Kartoffeln kochen und durchpressen. Die Eigelbe zugeben, würzen, gut vermischen und erkalten lassen. Die Kartoffelmasse mit blanchiertem und gehacktem Spinat mischen, eventuell noch etwas Käse zugeben und in die aufgeschnittene Hähnchenbrüste füllen. Gut zusammendrücken, in Butterschmalz anbraten, dann wieder aus der Pfanne nehmen. Im selben Fett die Gemüse- und Apfelwürfel leicht anbraten, mit dem Geflügeljus und dem Apfelwein auffüllen. Nun die Brüste wieder einlegen und 20 bis 30 Minuten fertigschmoren eventuell die Soße noch etwas einkochen.

Rezept: Armin Treusch, Restaurant
Treusch im Schwanen, Reichelsheim

Ferkelschulter mit Kartoffelfüllsel

Zutaten
*1 ganze Ferkelschulter
mit Knochen (ca. 3 kg),
400 g gekochte Kartoffeln,
100 g Schweinemett,
150 g Schweine- oder
Rinderleber,
2 Eier,
Kerbel,
Petersilie, Schnittlauch,
Sellerie, Kümmel, Majoran,
2 Zwiebeln,
2 Stangen Lauch,
2 rohe Kartoffeln,
2 Karotten*

Zubereitung
Die Ferkelschulter vom Metzger aushöhlen lassen (vom Knochen kann eine Soße bereitet werden). Für Kartoffelfüllsel die Kräuter mit dem Kümmel und etwas Zwiebel fein hacken, die Leber durch den Fleischwolf drehen, alles in etwas Butter leicht dünsten. Mit dem Mett und Ei vermengen, mit Salz, Pfeffer und Muskat würzen. Die gekochten und in grobe Würfel geschnittenen Kartoffeln dazugeben, die ausgelöste Schulter mit Salz, Pfeffer und Kümmel würzen und mit der Kartoffelmasse fest füllen. Im Backofen bei 175 Grad ca. 45 Minuten garen. Den Lauch mit den Kartoffeln und Karotten in grobe Würfel schneiden und in Butter ca. 15 Minuten leicht dünsten.

*Rezept: Hotel Berghof,
Michelstadt-Weitengesäß*

Lammrückenfilet im Kartoffelmantel

Zutaten
*4 Lammrückenfilets,
8 große Kartoffeln,
1 Zwiebel,
2 Eier,
Kartoffelmehl,
Salz, Pfeffer*

Zubereitung
Die Filets häuten und in einer Pfanne mit heißem Fett anbraten. Die Kartoffeln schälen, raspeln und mit den restlichen Zutaten zu einem Teig verrühren. Die Filets aus der Pfanne nehmen, mit Kräutern und Salz würzen, dann in den Kartoffelteig einwickeln. Nun in der Pfanne mit reichlich Fett fertigbacken.

*Rezept: Landgasthof „Zur Linde",
Weilrod-Gemünden*

Rehrücken im Kartoffelmantel mit Steinpilzsoße

Zutaten

*1,2 kg Rehrücken
ohne Knochen,
Schweinemett vom Metzger,
900 g geschälte Kartoffeln,
Salz, gemahlener Pfeffer,
Öl zum Anbraten,
600 g Steinpilze,
0,3 Liter Rehjus,
2 EL feingehackte Petersilie*

Zubereitung

Den Rehrücken in sechs gleich große Stücke schneiden, Sehnen und Haut entfernen. In einer Pfanne Öl erhitzen, die Rehstücke mit Salz und Pfeffer würzen und von beiden Seiten kurz anbraten. Dann auf einem Gitter kühlstellen. Die Kartoffeln dünn aufschneiden, auf einem Tuch zu sechs gleich großen Vierecken anordnen, wobei die Kartoffelscheiben jeweils überlappen müssen. Mit Pfeffer und Salz würzen. Petersilie auf den Kartoffelscheiben verteilen, den Rehrücken darauflegen und in Schweinemett einrollen (man kann zum Zusammenbinden Bindfaden verwenden). Den Rehrücken in einer Pfanne mit heißem Öl kurz anbraten und auf einem Blech nochmals 3 bis 5 Minuten bei 220 Grad im Ofen garen. Steinpilze kleinschneiden und in einer Pfanne mit Butter leicht andünsten, etwas salzen. Dazu Gemüsegarnitur (Brokkoli, Karotten und Kohlrabi) servieren.

*Rezept: Wald-Hotel
„Habermannskreuz",
Erbach/Odenwald*

125

Mit Kartoffeln gefüllter Kaninchenrücken auf Lavendelsoße

Zutaten

*4 Kaninchenrücken mit
Bauchlappen,
4 mittlere gekochte Kartoffeln,
8 EL Fleischfarce,
1 TL gehackte Petersilie,
2 Mangoldblätter,
Schweinenetz,
200 g Röstgemüse,
1 EL Tomatenmark,
400 ml Kalbsfond,
100 ml Rotwein,
20 g Butter,
1/2 TL gehackter Lavendel,
Gewürze*

Zubereitung

Die Kaninchenrücken entbeinen, ohne den Bauchlappen abzutrennen. Die Nieren und Filets auslösen, in kleine Würfel schneiden und in heißem Fett kurz anbraten, kurz auskühlen lassen. Die Kartoffeln in kleine Würfel schneiden, mit der Petersilie, der Hälfte der Fleischfarce und dem angebratenen Fleisch mischen, mit Salz und Pfeffer abschmecken. Die Bauchlappen etwas plattieren, salzen, pfeffern und die Kartoffelfüllung auf den Rücken verteilen. Fest zu einer Roulade rollen und in die blanchierten Mangoldblätter wickeln. Das Schweinenetz ausbreiten und mit der anderen Hälfte der Farce bestreichen. Die Kaninchenroulade auf das Schweinenetz legen und nochmals einrollen. Mit Salz und Pfeffer würzen und in der Pfanne von beiden Seiten anbraten, dann 15 Minuten im Ofen fertiggaren. Für die Soße die Knochen kleinhacken und mit dem Röstgemüse in heißem Fett anbraten. Tomatenmark hinzugeben und mit Rotwein ablöschen. Einkochen, mit Kalbsfond aufgießen, Gewürze zugeben und weitere 30 Minuten köcheln lassen. Passieren, mit etwas angerührter Speisestärke und den kalten Butterwürfeln binden. Zum Schluß abschmecken und den gehackten Lavendel dazugeben. Dazu serviert man junges Gemüse.

*Rezept: Hotel-Restaurant
Zur Krone, Höchst-Hetschbach*

Schweinefilet mit Kartoffel-Wirsingstrudel und Pfifferlingen

Zutaten

*600 g Schweinefilet,
200 g Kartoffeln,
30 g Mehl,
2 Eiweiß*

Für den Strudel

*300 g Kartoffeln,
300 g Wirsing,
100 g Pfifferlinge,
250 g Mehl,
30 ml Öl*

Zubereitung

Die Kartoffeln schälen, grob raspeln, mit Wasser bedecken, und 5 Minuten stehenlassen. Anschließend aus dem Wasser herausnehmen, in einem Tuch gut ausdrücken und mit Eiweiß und Salz mischen. Die Schweinefilets mit Pfeffer und Salz würzen und mit Mehl bestäuben. Danach die Kartoffelmasse daraufgeben und gut andrücken. Im vorgeheizten Backöfen bei 250 Grad ca. 20 Minuten backen. Für den Strudelteig das Mehl auf eine Arbeitsfläche sieben, das Öl, 125 ml kaltes Wasser und eine Prise Salz dazugeben. Die Zutaten zu einem Teig verkneten, mit Öl bestreichen und zugedeckt 40 Minuten ruhen lassen. Die gekochten, kalten Kartoffeln in Würfel schneiden. Den Wirsing in Streifen schneiden, anschwitzen und Pfifferlinge dazugeben. Den Teig auf einem Tuch ausrollen, die Füllung daraufgeben und zu einer Roulade rollen. Auf ein Backblech legen, mit Eigelb bestreichen und im vorgeheizten Backofen bei 180 Grad 30 Minuten backen.

Rezept: Hotel Waldgasthof „Reußenkreuz", Sensbachtal

Kartoffelkrautwickel vom Lammfilet

Zutaten

1 ganzer Lammrücken,
4 große Wirsingblätter,
100 g Schweinemett,
2 Eier,
Majoran, Kerbel, Petersilie,
Schnittlauch, Liebstöckel,
1 Zwiebel,
2 Zehen Knoblauch,
8 Scheiben roher Schinken,
Gemüse
(Menge und Art nach
Geschmack),
300 g mehlige Kartoffeln,
2 Eigelb,
ca. 2 EL Kartoffelmehl,
Salz, Pfeffer, Muskat

Zubereitung

Lammrückenfilet von Knochen und Sehnen befreien (diese können für Lammsoße verwendet werden), leicht salzen und pfeffern und nur kurz bei starker Hitze anbraten, dann erkalten lassen. Kräuter fein hacken, Zwiebel und Knoblauchzehen zerdrücken und diese mit den Eiern und der Mettmasse vermengen. Die Wirsingblätter kurz in Salzwasser kochen. Die gekochten Kartoffeln warm durchdrücken, mit Salz und Muskat würzen und mit Eigelb und Mehl vermengen. Die Kartoffelmasse auf Alu- oder Plastikfolie zu einem ca. 1/2 cm dicken Boden ausrollen, mit Wirsingblättern oder rohem Schinken belegen, anschließend die Mettmasse aufstreichen. Zum Schluß das Lammrückenfilet darauflegen und zur Roulade aufrollen. Auf einem gebutterten Blech bei 175 Grad ca. 30 Minuten backen.

Rezept: Hotel Berghof,
Michelstadt-Weitengesäß

Wachtelbrüstchen in der Kartoffel gebacken

Zutaten
12 Wachteln,
Butterschmalz,
300 g Kartoffeln,
1/8 l Wasser,
15 g Butter,
100 g Mehl,
1 Ei,
Gewürze,
Semmelbrösel,

Zutaten Pfifferlingragout
400 g frische Pfifferlinge,
20 g Dörrfleisch,
40 g Zwiebelwürfel,
20 g Butter,
100 g Crème fraîche,
100 ml Sahne,
gehackte Petersilie,
Salz, Pfeffe

Zubereitung
Die Brüstchen der Wachteln auslösen, die Haut abziehen und würzen. In heißem Butterschmalz anbraten und zur Seite stellen. Die geschälten Kartoffeln in Wasser kochen. Wasser und Butter aufkochen, das Mehl dazugeben und mit einem Rührlöffel gut vermischen. Den Brandteig bei mittlerer Hitze weiterrühren, bis die Masse einen festen Kloß bildet, der am Rührlöffel hängt. Etwas abkühlen lassen, dann das Ei unterarbeiten. Die gegarten Kartoffeln durchpressen und zum Brandteig geben. Mit Salz und Muskat abschmecken. Die Kartoffelmasse in 24 Teile aufteilen und die Wachtelbrüstchen damit umhüllen. Mit Semmelbröseln binden, damit die Kartoffelmasse nicht so klebt. Zum Schluß die Brüstchen nochmals in Semmelbröseln rollen und diese mit den Händen andrücken. In schwimmendem Fett ausbacken, bis die Kartoffelhülle goldbraun ist. Pfifferlinge putzen und waschen. Die Zwiebel- und Dörrfleischwürfel in Butter anschwitzen. Die Pfifferlinge dazugeben und ebenfalls gut anschwitzen. Mit Sahne und Crème fraîche ablöschen und etwas einkochen lassen. Mit Salz und Pfeffer würzen und mit der gehackten Petersilie bestreuen. Die Wachtelbrüstchen auf Blattspinat anrichten und das Pfifferlingragout daneben geben.

Rezept: Armin Treusch, Restaurant Treusch im Schwanen, Reichelsheim

Gefüllte Schweinebacke in Linsensoße mit Sauerkraut-Kartoffelstrudel

Zutaten

4 große Schweinebacken,
100 g Schweinemett,
1 Zwiebel,
1 Karotte,
1 Zwiebellauch,
etwas Sellerie,
Petersilie,
Schnittlauch,
Kerbel,
Kümmel,
2 Eier,
8 EL Linsen,
1/2 l ungebundene
braune Soße,
Salz, Pfeffer, Muskat

Zutaten
Kartoffelstrudelmasse

300 g mehlige Kartoffeln,
3 Eigelb,
ca. 2 EL Kartoffelmehl,
Salz, Muskat

Zutaten
Sauerkrauteinlage

300 g Sauerkraut,
4 Scheiben Speck,
1 Zwiebel,
2 EL Kümmel,
1/4 l Fleischbrühe,
2 EL Schmand

Zubereitung
Schweinebacken

Schweinebacken zum Füllen vom Metzger hohl aufschneiden lassen. Schweinemett würzen und mit Ei vermengen. Zwiebel, Karotten, Lauch, Kräuter und Kümmel fein hacken, unter die Mettmasse mengen und diese in die Schweinebacken füllen. Schweinebacken in der ungebundenen Soße ca. 45 Minuten köcheln, danach herausnehmen und die Linsen ca. 10 Minuten bei mittlerer Hitze in der Soße kochen.

Zubereitung
Strudelfüllung

Sauerkraut mit Speckwürfeln, Zwiebelwürfeln und Kümmel in Fleischbrühe ca. 20 Minuten kochen, anschließend mit etwas Schmand abbinden. Für den Kartoffelstrudel die gekochten Kartoffeln warm durchdrücken, mit Salz und Muskat würzen und mit Eigelb und Stärkemehl vermengen. Auf Alu- oder Plastikfolie zu einem ca. 1/2 cm dicken Boden ausrollen und mit der Sauerkrautmasse bestreichen, zu einer Roulade zusammenrollen und auf einem gebutterten Blech im Ofen bei 175 Grad ca. 35 Minuten backen.

Rezept: Hotel Berghof,
Michelstadt-Weitengesäß

Kaninchenrücken mit Kartoffel-Olivenkruste und Löwenzahnsalat mit Kartoffeldressing

Zutaten

300 g Löwenzahn,
Walnußöl,
Apfelweinessig,
180 g Pellkartoffeln,
120 g Fleischbrühe,
Salz, Pfeffer, Zucker,
6 10 x 10 cm große
Strudelteigplatten,
120 g Äpfel,
60 g Zwiebeln,
20 g Apfelwein,
Zucker, Eiklar,
6 Stück Kaninchenrückenfilet,

Zutaten Kartoffel-Olivenkruste

60 g schwarze Oliven,
120 g Pellkartoffeln,
100 g Butter,
Salz, Pfeffer,
Kirschtomate,
Frisée, Radicchio und
Blüten zum Garnieren

Zubereitung

Löwenzahn mit lauwarmem Wasser waschen. Walnußöl, Apfelweinessig, Pellkartoffeln, Fleischbrühe und Zwiebeln mixen und mit Salz, Pfeffer und Zucker abschmecken. Den Apfel in kleine Würfel schneiden und mit den feingehackten Zwiebeln im Apfelwein kochen und mit Zucker abschmecken. Die Apfel-Zwiebel-Masse auf die mit Eiklar bestrichenen Strudelblätter verteilen und zusammenfalten. Die Apfel-Zwiebeltaschen in der Friteuse bei 180 Grad ca.

1 Minute ausbacken. Die fein geriebenen Kartoffeln mit den entsteinten und gehackten Oliven und Butter mischen. Den Kaninchenrücken parieren, würzen und anbraten. Die fertige Kartoffel-Olivenmasse auf dem Rücken verteilen und im Ofen bei 200 Grad 5 Minuten überbacken. Den Löwenzahnsalat mit Frisée und Radicchio im

Kartoffeldressing anmachen und auf Tellern anrichten. Darauf den in Tranchen aufgeschnittenen Kaninchenrücken setzen. Die Apfel-Zwiebel-Taschen danebensetzen und mit Kirschtomate und Blüten garnieren.

Rezept: Thomas Treusch,
Restaurant Treusch im Schwanen,
Reichelsheim

Schweinefilet in Kartoffel-Sesamkruste

Zutaten

600 g Schweinefilet,
400 g gekochte Kartoffeln,
400 g Brokkoli,
200 g Karotten,
400 g Nudeln,
30 g Sesam,
2 Eigelb,
Mehl,
Salz, Muskat

Zubereitung

Die Karotten schälen und in die gewünschte Form schneiden. In einem Topf Margarine zerlassen, Zwiebelwürfel glasig dünsten, die Karotten hinzugeben, mit etwas Mineralwasser ablöschen, mit Salz und Zucker würzen und bei schwacher Hitze ca. 20 Minuten garen. Den Brokkoli putzen und portionieren. In kochendem Salzwasser mit einer Knoblauchzehe ca. 5 Minuten garen. Danach in Eiswasser abschrecken. In einer Pfanne Margarine erhitzen und das Schweinefilet 20 Minuten rundherum anbraten, dann warmstellen. Die Nudeln garen. Die gekochten Kartoffeln in einer Schüssel zerdrücken, mit einem Eigelb, Salz, Muskat und Mehl vermengen und gleichmäßig auf dem Filet verteilen. Die Sesamkörner auf der Masse verteilen und mit etwas Eigelb bestreichen. Im Ofen mit Oberhitze leicht anbräunen, anschließend in vier Teile schneiden und mit Gemüse auf Tellern anrichten. Die Nudeln in etwas Butter schwenken und in einer Schüssel servieren.

Rezept: Restaurant Schloßkeller, Gießen

Medaillons vom Kalbslendchen mit Kräuter-Pilzkruste überbacken und Kartoffel-Ziegenkäsedaatsche

Zutaten

1 kg Kalbslende,
300 g Kartoffeln,
2 Eigelb,
1 EL Stärke,
6 EL gehackte und
angeschwitzte Pilze,
Bröselbutter,
Fett,
Salz, Pfeffer, Muskat,

Zutaten Kartoffel-Ziegen-Käsedaatsche

600 g Kartoffeln,
2 Eigelb,
2 EL Stärke,
1 Ziegenkäse
(Hüttenthaler Kräuterzickli),
Butter

Zubereitung

Die Kartoffeln schälen, in gleich große Stücke schneiden und kochen. Danach abschütten, ausdampfen lassen und durchpressen. Mit den Eigelben, der Stärke, den Pilzen und den Gewürzen vermischen. Die Kalbslendchen in Medaillons schneiden, in Mehl wenden und in heißem Fett gut anbraten. Die Medaillons auf ein Backblech legen und mit der Kartoffelmasse bestreichen. Zum Schluß noch mit Bröselbutter überziehen und im Ofen nur mit starker Oberhitze überbacken. Für die Kartoffel-Ziegenkäsedaatsche die Kartoffeln kochen und heiß pürieren. Ziegenkäse fein würfeln. Alle Zutaten mit der Kartoffelmasse vermischen. Dann auf einem bemehlten Brett zu 5 cm dicken Rollen formen und diese kalt stellen. In Scheiben schneiden, in Mehl wenden und in Butterschmalz anbraten.

Rezept: Armin Treusch,
Restaurant Treusch im Schwanen,
Reichelsheim

Eschweger Kartoffelgulasch

Zutaten

300 g Zwiebeln,
600 g geschälte Kartoffeln
in ca. 1 cm großen Würfeln,
Butterschmalz,
3 EL Tomatenmark,
1 fein geriebene
Knoblauchzehe,
1/2 TL gemahlener Kümmel,
3/8 l Kassler-Fond,
600 g Kassler-Rücken in
2 cm großen Würfeln,
30 g Mehl,
100 g Schmand,
1 Bund Schnittlauch

Zubereitung

Die Zwiebeln fein würfeln und in Butterschmalz glasig dünsten. Die Kartoffeln schälen, würfeln und dazugeben. Rösten, bis die Kartoffeln Farbe annehmen, das Tomatenmark zugeben und mit anschwitzen. Mit dem Kassler-Fond auffüllen. Knoblauch, Kümmel und Pfeffer dazugeben und das Gulasch bei mittlerer Hitze garen. Butterschmalz in einer Pfanne erhitzen und die im Mehl gewendeten Kassler-Würfel scharf anbraten und langsam fertiggaren. Kartoffelgulasch eventuell mit Salz nachwürzen und auf den Tellern verteilen. Die gebratenen Kassler-Würfel darüber verteilen, das fertige Gericht mit einem Gitter aus Schmand verzieren und mit Schnittlauch bestreuen. Als Beilage schmeckt Wurzelgemüse oder ein knackiger Salat in Zitronenmarinade.

Rezept: Hotel „Dölle's Nr. 1",
Eschwege

Kartoffelgulasch mit dinne Wörschtcher

Zutaten

800 g Kartoffeln,
100 g durchwachsener Speck,
2 EL Schmalz,
3 Zwiebeln,
2 EL Tomatenmark,
Salz, Paprikapulver,
Majoran,
Kümmel,
Senf,
gestoßener Pfeffer,
ca. 1/2 l Brühe,
1/2 l Apfelwein,
4 EL Schmand,
4 Frankfurter Würstchen

Zubereitung

Kartoffeln schälen, waschen, würfeln. Gewürfelten Speck mit Zwiebeln in Schmalz andünsten, Gewürze und Tomatenmark unterrühren. Kartoffeln dazu und mit Apfelwein und Brühe auffüllen. Bei geringer Hitze ca. 45 Minuten schmoren lassen. Schmand unterrühren. Würstchen in Scheiben schneiden und dazugeben. Dazu paßt gemischter Salat.

Rezept: Detlef Buchholz, Wirtshaus „Zum Adler", Fleisbach

Kromberngulasch

Zutaten

1 kg festkochende Kartoffeln,
50 g Schmand,
3 EL gehackte Kräuter
(z.B. Schnittlauch, Kerbel, Petersilie),
1 TL Majoran,
1 TL Kümmel (ganz),
2 Knoblauchzehen,
3 EL Gänse- oder
Schweineschmalz,
1 l Kalbsbrühe,
700 g Zwiebelwürfel,
Pfeffer und Salz

Zubereitung

Die Zwiebeln im Gänseschmalz goldgelb anschwitzen, Majoran, Kümmel und Knoblauch feinhacken, zu den Zwiebeln geben und kurz mitschwitzen lassen. Die Kalbsbrühe angießen und etwa 20 Minuten köcheln lassen. Nebenbei die Kartoffeln schälen und in Würfeln von etwa 2 cm Kantenlänge schneiden. Die Kartoffeln zum Ansatz geben und garkochen. Abschmecken und den Schmand unterziehen (das Gulasch jetzt nicht mehr kochen lassen!) und mit den gehackten Kräutern garnieren.

Rezept: Reiner Erdt, „Zur Krone", Ronneburg

Im Einfachen liegt das Göttliche – den Spruch eines alten Gastrosophen kann man bei diesem Gericht gerne verwenden.

Kartoffel-Wirsing-Auflauf mit gekochter Rinderzunge

Zutaten
600 g rohe Kartoffeln,
geschält und in Scheiben
geschnitten,
400 g Wirsing vorgedämpft,
aber noch knackig und
grob geschnitten,
4 EL gedünstete Speckzwiebeln,
1–2 Zehen Knoblauch
(gehackt oder durch
die Presse gedrückt),
Salz, Pfeffer, Muskat,
0,4 l Sahne,
2 Eier,
1 kg Rinderzunge,
1 Bund Suppengrün
(Karotte, Lauch, Sellerie,
Petersilienstengel),
5 Lorbeerblätter,
5 Nelken,
10 Pfefferkörner zerstoßen

Zubereitung
Die Rinderzunge in einen Topf mit kochendem Wasser geben, salzen und nach einer Stunde Kochzeit das Suppengrün und die Gewürze zufügen (Garzeit ca. 2,5 bis 3 Stunden). Mit der Fleischgabel prüfen, ob die Zunge gar ist. Dann in kaltes Wasser geben, so daß sich die Haut leicht abziehen läßt. Bis zum Anrichten wieder in den Kochsud zurückgeben. Eine feuerfeste Form buttern, die Hälfte der Kartoffelscheiben hineinschichten, geschnittenen Wirsing darauf verteilen, Speckzwiebeln, Knoblauch und Gewürze zufügen. Sahne, Eier und Salz in einer Schüssel vermischen und darübergießen. Im vorgeheizten Backofen bei ca. 180 Grad etwa 1 1/2 Stunden garen. Mit einer Gabel prüfen, ob die Kartoffeln gar sind. Wenn die Oberfläche zu schnell bräunt, beizeiten abdecken.

Rezept: Pension Dornrös'chen,
Höchst/Odenwald

Schichtkartoffeln mit Fuldataler Weckewerk und Steckrübengemüse

Zutaten

1,6 kg mehlige Kartoffeln,
800 g Fuldataler Weckewerk,
2 Zwiebeln,
1 Stange Lauch,
1 TL Butter,
1/8 l Fleischbrühe,
250 g Hessenschmand,
Frühlingszwiebeln,
Steckrüben,
Salz, Muskat

Zubereitung

Die Kartoffeln schälen und in Scheiben hobeln, leicht mit Pfeffer und Muskat würzen, dann in der Pfanne anbraten. 4 eckige Auflaufformen leicht einfetten und mit Brötchenkrumen ausstreuen. Abwechselnd Kartoffeln und Weckewerk einschichten und 60 Minuten im Ofen backen. Für die Schmandsoße Zwiebeln und Lauch in feine Würfel schneiden und in Butter dünsten, die Fleischbrühe angießen und mit den Gewürzen abschmecken. Das Gemüse putzen, waschen, blanchieren und in Stäbchen schneiden. Dann in Butter glasieren, würzen und alles gefällig anrichten.

Rezept: Hotel-Restaurant Eberhardt, Fuldatal-Ihringshausen

Matjeshäckerle in der Kartoffelwaffel

Zutaten

1 Zwiebel,
150 g Kartoffeln,
2 EL Mehl,
2 Eier,
Salz, Pfeffer und Muskat,
4 Matjes,
1 Apfel,
1 Zwiebel,
2 EL Cornichons,
1 gekochte Kartoffel,
1 EL Crème fraîche,
1 EL gehackter Dill

Zubereitung

Eine Zwiebel und Kartoffeln fein reiben. Mit Mehl und Eiern mischen, mit Salz, Pfeffer und Muskat würzen. Aus dem Teig im Waffeleisen Waffeln backen. Matjes, Apfel, Zwiebel, Cornichons und die gekochte Kartoffel fein würfeln, mit Crème fraîche und Dilll mischen. Die fertigen Waffeln mit Matjestarte belegen, mit Dillsträußchen und Radieschen garnieren.

Rezept: Hotel Waldgasthof Reußenkreuz, Sensbachtal

Odenwälder Lachsforelle unter Kartoffelschuppen mit Wirsing und zweierlei Kümmelsoßen

Zutaten

*4 Lachsforellenfilets ohne Haut
und Gräten à 140 g,
4 geschälte rohe Kartoffeln,
80 g Fischfarce,
300 ml Fischfond,
50 ml Weißwein,
50 ml Rotwein,
1 Zwiebel,
1EL geschlagene Sahne,
1 EL Kümmel,
300 ml Kalbsfond,
Gewürze,
1/2 Kopf Wirsing,
80 g Butter*

Zubereitung

Die Filets von beiden Seiten mit Pfeffer und Salz würzen. Die Fischfarce dünn auf die Oberseite der Filets streichen und mit den in feine Scheiben gehobelten Kartoffeln schuppenförmig belegen. Die Filets mit der Kartoffelseite nach unten in der Pfanne anbraten und im Ofen weitere 5 Minuten fertiggaren. Für die weiße Soße die Hälfte der Zwiebel fein hacken, in etwas Butter mit der Hälfte des gehackten Kümmels kurz andünsten, mit dem Fischfond und dem Weißwein auffüllen und auf die Hälfte einkochen lassen. Passieren, mit Salz und Pfeffer abschmecken und kurz vor dem Anrichten die Schlagsahne unterziehen. Für die dunkle Soße die restlichen Zwiebeln in Butter mit der zweiten Hälfte des Kümmels andünsten, mit Rotwein ablöschen, den Kalbsfond angießen und ebenfalls auf die Hälfte einkochen lassen. Passieren, abschmecken, mit kalter Butter und eventuell etwas angerührter Speisestärke binden. Die Wirsingblätter in feine Streifen schneiden und in Salzwasser blanchieren. Kurz vor dem Anrichten den Wirsing in Butter schwenken und mit Salz und Muskat würzen.

Rezept: Hotel-Restaurant
Zur Krone, Höchst-Hetschbach

Forellenfilet in Kartoffelschuppen auf Schnittlauchsauce

Zutaten pro Person

1–2 Forellenfilets ohne Gräten,
ca. 200 g Kartoffeln,
1/2 Eigelb,
zusätzlich 12 kleine Kartoffeln,
40 g Butter,
40 g Mehl,
1/4 l Riesling,
Zitronensaft,
Sahne,
Schnittlauch,
Salz und Pfeffer

Zubereitung

Die Forellenfilets mit Salz, Pfeffer und Zitronensaft würzen. Pro Filet 3 kleine Kartoffeln schälen, der Länge nach halbieren und in feine Scheiben (Schuppen) schneiden, kurz blanchieren. 200 g Kartoffeln kochen, durch ein Sieb streichen und ausdampfen lassen. Mit dem Eigelb zu einem Teig verarbeiten, mit Salz und Pfeffer würzen. Die Fischfilets mit etwas Kartoffelteig bestreichen, dann die Kartoffelscheiben vom Schwanzende zum Kopfteil hin auf den Teig setzen. In einer gefetteten Pfanne, nicht zu heiß, zuerst die Seite mit den Schuppen braten. Aus Butter und Mehl eine Mehlschwitze bereiten, mit dem Riesling ablöschen, mit Pfeffer und Salz abschmecken, mit Sahne verfeinern, aufkochen lassen. Durch ein Sieb passieren, mit Butter verfeinern und nicht mehr aufkochen. Zum Schluß frisch geschnittenen Schnittlauch dazugeben.

Rezept: Die Schmelzmühle,
Ober-Klingen

Odenwälder Lachsforellenfilet im Kartoffelteig gebacken mit Blattspinat

Zutaten Kartoffelteig

600 g Kartoffeln
(gekocht, gepellt und
durchgedrückt),
400 g Mehl,
50 g Mondamin,
3 Eier,
Salz, Pfeffer

Weitere Zutaten

800 g Lachsforellenfilet,
200 g Blattspinat,
1 Zwiebel,
50 g Butter,
Salz, Pfeffer, Muskat,
Zitrone,
400 g Kartoffeln
(gekocht und gepellt)

Zubereitung

Zwiebel würfeln und in Butter glasig dünsten, Spinat zugeben und gar dünsten. Mit Salz, Pfeffer und Muskat abschmecken. Für den Kartoffelteig die entsprechenden Zutaten zu einem Teig vermengen und ausrollen. Vom Lachsfilet Haut und Gräten entfernen, salzen, mit Zitrone beträufeln und auf den Teig legen. Den Blattspinat darauf verteilen, dann die restlichen Pellkartoffeln in Scheiben schneiden und auf den Spinat legen. Alles im Kartoffelteig einschlagen, die beiden Enden zusammendrücken. Mit Wasser bestreichen, nach Wunsch verzieren und im vorgeheizten Backofen bei 200 Grad backen. Dazu paßt Dillsoße.

Rezept: Zum Schützenhof,
Beerfelden

Schwälmer Kartoffelwurst

Zutaten

*1 kg durchwachsenes
Schweinefleisch
(Schulter oder Nacken),
Salz, Pfeffer,
Knoblauch,
Muskat, Majoran,
500 g Kartoffeln,
Bratwurstdärme*

Zubereitung

Das Fleisch durch den Fleischwolf drehen, mit Salz, Pfeffer, Knoblauch, Muskat und Majoran abschmecken. Die Kartoffeln ohne Salz kochen und ebenfalls durch den Wolf drehen. Anschließend unter die Hackfleischmasse geben, alles gut durchmischen und in Bratwurstdärme abfüllen. Über Nacht räuchern und in der Pfanne mit reichlich Zwiebelringen braten. Dazu reicht man Bratkartoffeln und Rahmwirsing oder Schmandsalat.

Rezept: Hotel Zum Stern, Oberaula

Hüttengesäßer Kartoffelpreßkopf

Zutaten

*200 g Zwiebeln,
6,5 kg frischer
Schweinebauch
ohne Knochen und Schwarte,
500 g gekochtes
 Schweinekopffleisch
(Wellfleisch),
3 kg Kartoffeln,
geschält und gekocht,
200 g Nitritpökelsalz,
30 g gemahlener Pfeffer,
5 g Piment (Nelkenpfeffer),
5 g Macis oder Muskatnuß,
Buttdarm (beim Metzger erhältlich)*

Zubereitung

Die Zwiebeln kleinschneiden und anschwitzen, dabei nicht zu heiß werden lassen. Vom Herd nehmen. Fleisch und Kartoffeln durch den Fleischwolf drehen (mittelgroße Lochscheibe). Nun die mittlerweile erkalteten Zwiebeln zur Fleischmasse geben und mit den Gewürzen zu einem Wurstbrät vermengen (man kann dem Brät nach Belieben blanchierte Gemüsewürfel – Karotten, Lauch, Pilze oder Sellerie – beifügen). Die Wurstmasse in einen Buttdarm füllen und etwa 2–3 Stunden in ca. 70 Grad heißem Wasser pochieren. Nach dem Garen sollte die Wurst in kaltem Wasser langsam abkühlen. Diese Wurstspezialität wird in Scheiben geschnitten und – in etwas Butter leicht gebräunt – mit Sauerkraut und Kartoffelpüree serviert.

*Rezept: Reiner Erdt, „Zur Krone",
Ronneburg*

Kartoffelbratwurst auf Apfelweinkraut

Zutaten

6 Kartoffelwürste,
Fett,
600 g Sauerkraut,
100 g Zwiebelstreifen,
100 g Apfelscheiben,
Butterschmalz,
Salz, Pfeffer,
Zucker,
Apfelwein,
1 mittelgroße Kartoffel

Zubereitung

Die Zwiebelstreifen und Apfelscheiben in Butterschmalz dünsten. Das Sauerkraut dazugeben und mit dem Apfelwein so weit auffüllen, daß alles bedeckt ist. Würzen und etwa 30 Minuten leicht kochen lassen. Die Kartoffel schälen und grob raspeln, in das kochende Sauerkraut einrühren und weitere 20 Minuten zu Ende garen. Die gebratenen Würste auf dem Sauerkraut anrichten, mit Kartoffeln und Kräutersenf servieren.

Rezept: Armin Treusch, Restaurant Treusch im Schwanen, Reichelsheim

Gemengte Kartoffelwurst

Zutaten

300 g frische Kartoffeln
fein gerieben,
250 g frische Kartoffeln
fein gewürfelt,
250 g gekochte Kartoffeln
püriert,
100 g Äpfel klein gewürfelt,
1 EL Speisestärke,
2 Eier,
100 g Blutwurst klein gewürfelt,
1 EL gehackte Petersilie,
Salz, Pfeffer,
Muskat, Majoran

Zubereitung

Alle Zutaten mischen und mit Salz, Pfeffer, Muskat und Majoran würzen. Die Masse in einen frischen Naturdarm drücken und ca. 2 Stunden im Wasserbad bei 70 Grad garen.

Rezept: Wirtshaus Zum Adler, Hessenpark

Geräucherte Kartoffelwurst mit Weißkrautsalat

Zutaten

5 Pärchen geräucherte
Beerfurter Kartoffelwurst,
500 g feine Weißkrautstreifen,
1 EL Zwiebelwürfel,
Walnußöl,
Apfelessig,
Salz, Pfeffer,
Zucker,
4 EL Apfelmus,
2 EL grober Senf

Zubereitung

Das Weißkraut mit den Salatzutaten anmachen, dabei gut kneten. Das Apfelmus mit dem Senf und den Gewürzen nach eigenem Geschmack vermischen. Die Kartoffelwurst mit dem Krautsalat und dem Apfelsenf anrichten, garnieren und mit Odenwälder Kartoffelbrot servieren.

Rezept: Armin Treusch, Restaurant Treusch im Schwanen, Reichelsheim

Süßer Kartoffelkuchen mit Schokolade

Zutaten

250 g mehligkochende
Kartoffeln,
100 g Vollmilchschokolade,
100 g Zartbitterschokolade,
125 g Margarine,
80 g Zucker,
1 Prise Salz,
1 Stück Ingwer
(etwa walnußgroß),
1 TL Zimt,
70 g gemahlene Mandeln,
2 Eier,
150 g Mehl,
1 TL Backpulver,
3 EL Eierlikör

Zubereitung

Die Kartoffeln waschen, schälen und fein raspeln. In ein Tuch geben und fest ausdrücken. Die Schokolade in kleine Stücke brechen und im Wasserbad auflösen, dann mit den Kartoffeln vermischen. Margarine mit dem Zucker schaumig rühren, Salz zufügen. Ingwer schälen, fein hacken und ebenfalls zufügen. Zimt, Mandeln, Eier und das gesiebte, mit dem Backpulver vermischte Mehl unterrühren. Den Eierlikör zugießen. Schoko-Kartoffelmasse ebenfalls unter den Teig rühren. Eine Kuchenform fetten und den Teig einfüllen. 60 Minuten bei 180 Grad backen. Den ausgekühlten Kuchen mit Puderzucker bestreuen.

Rezept: Christa Gombel, Greifenstein

Kartoffel-Krümelkuchen

Zutaten

250 g gekochte,
feingeriebene Kartoffeln,
1 feingeriebener Apfel,
50 g Butter,
50 g Kakaopulver,
50 g Brösel,
150 g Zucker,
300 g Mehl,
2 Pck. Backpulver,
Salz,
Vanillezucker,
Marmelade oder
Vanillecreme zum Füllen

Zubereitung

Aus allen Zutaten einen geschmeidigen Teig herstellen und bei 175 Grad ca. 45 Minuten backen. Nach dem Auskühlen in der Mitte durchschneiden und nach Geschmack mit Marmelade oder Vanillecreme füllen.

Rezept: Wirtshaus Zum Adler, Hessenpark

Scherrarchen

Zutaten

450 g Mehl,
1 Würfel Hefe,
Zucker, Milch,
150 g gekochte Kartoffeln,
100 g Zucker,
1 TL Salz,
4 Eier,
4 El Öl

Zubereitung

Das Mehl in eine Schüssel geben. Hefe, etwas Zucker und Milch zum Gehen ansetzen. Die gekochten Kartoffeln reiben und dazugeben. Zucker, Salz, Eier und Öl in den Teig arbeiten; alles gehen lassen. Dann den Teig auf einem gut mit Öl gefetteten Blech auswellen, noch einmal gut mit Öl bestreichen und mit Zucker bestreuen. Mit dem Messer vor dem Backen die einzelnen Stückchen markieren. Ist der Teig noch einmal gegangen, wird der Kuchen bei 220 Grad ca. 20 Minuten gebacken. Warm aus dem Backofen schmeckt er am besten!

Rezept: Adele Wepper

Kartoffelkuchen

Zutaten

250 g Kartoffeln,
1/2 TL Salz,
50 g getrocknete Aprikosen,
5 Eier,
abgeriebene Schale einer
unbehandelten Zitrone,
1 TL Rum,
150 g Zucker,
50 g gemahlene Nüsse,
25 g Grieß,
21 TL Backpulver,
etwas Fett und Paniermehl
für die Kuchenform

Zubereitung

Eigelbe mit Zucker schaumig
schlagen. Gemahlene Nüsse,
kleingehackte Aprikosen, Grieß
und restliche Zutaten dazugeben. Das geschlagene Eiweiß
unterheben. Eine Kastenform
mit Schmalz einfetten, mit
Paniermehl ausstreuen und den
Teig einfüllen. Den Kuchen
ca. 1 Stunde bei 200 Grad
backen.

Rezept :Elli Knieriem, Obergeis

Gewürzkuchen (Kriegsrezept)

Zutaten

60 g Fett,
250 g Zucker,
2 Eier,
200 g Kartoffeln,
500 g Mehl,
1/2 l Milch,
1 Pck. Backpulver,
etwas Zitronat

Zubereitung

Kartoffeln kochen, pellen und
reiben. Alle Zutaten zu einem
Teig verarbeiten und in einer gefetteten Kastenform eine Stunde
bei 200 Grad backen. Mit Puderzucker bestreuen.

Rezept: Elli Knieriem, Obergeis

Holunderkuchen mit Kartoffelteig

Zutaten

500 g Mehl,
2 Pck. Backpulver,
400 g Pellkartoffeln,
2 Eier,
Salz, Muskat,
etwas Rum,
100 g Butter,
150 g Zucker,
1 Pck. Vanillezucker

Zutaten Belag

600 g Holunderbeeren,
2 Eier,
100 g Zucker,
250 g Schmand

Zubereitung

Die Kartoffeln pellen, durch die Presse drücken und mit den übrigen Zutaten vermengen. Den Teig auf einem gefetteten Blech dünn ausrollen. Die Holunderbeeren von den Stengeln streifen und auf dem Teig verteilen. 15 Minuten bei 200–225 Grad backen. Eier mit Zucker schaumig schlagen und den Schmand unterrühren. Die Masse über die Beeren geben. Nochmals 15 Minuten bei 200-225 Grad backen.

Rezept: Anita Kühn, Lohr a. M.

Beerfelder Kartoffeltorte

Zutaten

7 Eier,
150 g Zucker,
500 g gekochte,
durchgepreßte Kartoffeln,
60 g feingeschnittenes Zitronat,
60 g feingeschnittenes
Orangeat,
10 g Zimt,
Salz,
80 g Graubrot,
0,1 l Wein,
50 g Mehl

Zubereitung

Die Eigelb mit 50 g Zucker schaumig rühren. Die Eiweiße zu Schnee schlagen, die restlichen 100 g Zucker beim Schlagen dazugeben. Beide Eimassen zusammengeben. Das Graubrot rösten, anschließend reiben und mit dem Wein befeuchten. Alle übrigen Zutaten unter die Eimasse heben. Den Teig in eine Backform füllen und bei 180 Grad ca. 45 Minuten backen.

Rezept: Hotel-Restaurant „Schwanen", Beerfelden

Omas Kartoffeltorte

Zutaten

1 kg Kartoffeln,
10 Eigelb,
500 g Zucker,
250 g gemahlene Mandeln,
100 g Mohn,
Eischnee aus 10 Eiweiß

Zubereitung

Alle Zutaten zu einem geschmeidigen Teig verarbeiten und in einer gut gefetteten, ausgestreuten Form bei 175 Grad ca. 80 Minuten backen.

Rezept: Wirtshaus Zum Adler,
Hessenpark

Odenwälder Kartoffeltorte

Zutaten

120 g weiche Butter,
60 g Mehl (Typ 405),
1 Ei,
2 große Kartoffeln,
1/2 Zwiebel,
2 Scheiben Speck,
geriebener Gruyèrekäse,
1/4 l Sahne,
4 Eigelbe,
Salz, Muskat

Zubereitung

Aus der Butter, dem Mehl und dem Ei einen Teig herstellen, im Kühlschrank ruhen und durchkühlen lassen. Dann ausrollen und eine flache Kuchenform auslegen. Die Kartoffeln schälen, in Scheiben schneiden und blanchieren. Wenn sie ausgekühlt sind, in die Form schichten. Zwiebel und Speck würfeln, anbraten und zusammen mit dem geriebenen Käse über die Kartoffeln streuen. Aus den restlichen Eiern, der Sahne, Salz und Muskat eine Royal rühren und diese auf dem Kuchen verteilen. Im vorgeheizten Ofen bei 180 Grad 20 Minuten goldbraun backen.

Rezept: Landhaus Baur,
Odenwald

Kartoffeltorte mit Pflaumenmus

Zutaten

380 g mehlige Kartoffeln,
1 Prise Salz, Zimt,
1 TL Backpulver,
70 g Vollkorngrieß,
150 g Zucker,
3 Eier,
250 g gemahlene Mandeln,
250 g Pflaumenmus

Zubereitung

Kartoffeln in der Schale kochen und pellen. Wenn sie erkaltet sind, durch eine Presse drücken. Die Eier trennen, Eigelb und Zucker schaumig schlagen. Grieß, Backpulver und die Gewürze untermischen. Dann die passierten Kartoffeln und Mandeln unterheben. Nun das zu steifem Schnee geschlagene Eiweiß ebenfalls unterheben. Den Teig in einer ausgestriche-nen Springform bei 180 Grad ca. 50 Minuten backen und aus-kühlen lassen. Den Kuchen einmal waagerecht durchschnei-den und den unteren Teil mit Pflaumenmus bestreichen (nicht zu sparsam). Den oberen Teil auflegen und mit Guß bestrei-chen oder mit Staubzucker de-korieren.

Rezept: Elke Itt, Zur Krone

Kartoffelstollen

Zutaten

6 Eier,
200 g Zucker,
500 g gekochte Kartoffeln,
100 g gehackte,
geröstete Kartoffeln,
Saft und abgeriebene
Schale von einer
unbehandelten Zitrone,
1 Vanilleschote,
Salz

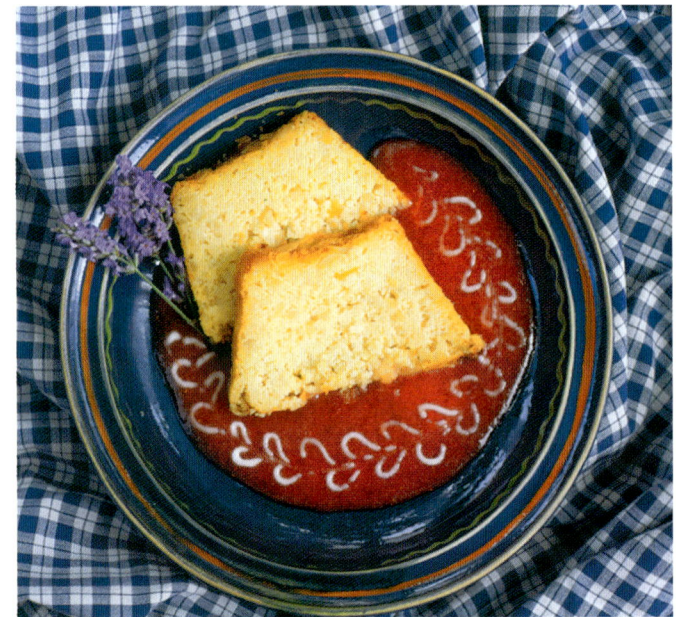

Zubereitung

Die gekochten Kartoffeln heiß durch die Kartoffelpresse drücken oder kalt fein reiben. 6 Eigelb mit der Hälfte des Zuckers schaumig rühren, die 6 Eiweiß zu Schaum schlagen und 100 g Zucker unterheben. Beide Eier-massen zusammengeben. Alle restlichen Zutaten vorsichtig unterheben, den Teig in eine gebutterte, mit Semmelbröseln ausgestreute Form geben und ca. 40 Minuten bei 180 Grad backen.

Rezept: Hotel-Restaurant
„Schwanen", Beerfelden

Weihnachtskartoffelstollen

Zutaten

750 g Mehl,
200 g geriebene,
gekochte Kartoffeln,
70 g Zucker,
geriebene Schale von
einer halben
unbehandelten Zitrone,
100 g Rosinen,
50 g Orangeat in Würfeln,
50 g Zitronat in Würfeln,
Salz,
2 Pck. Trockenhefe,
250 ml lauwarme Milch,
80 g Butter

Zubereitung

Aus allen Zutaten einen Teig kneten, ca. 30 Minuten gehen lassen. Danach zusammenkneten und nochmals 30 Minuten gehen lassen. Auf einem Blech den Stollen formen. Nochmals gehen lassen, anschließend bei 180 Grad ca. 60 Minuten backen. Nach dem Backen mit flüssiger Butter bestreichen und mit Puderzucker bestäuben.

Rezept: Horst Weihrich, Restaurant Ratsherrenstuben, Hattersheim

Kartoffelkrebbel

Zutaten

1 kg Kartoffeln,
2 Eier, Salz,
1 Zwiebel,
100 g Schmalz,
500 g Apfelmus

Zubereitung

Kartoffeln schälen, reiben und durch ein Tuch den Saft ausdrücken. Eier, Salz und die geriebenen Zwiebeln hinzufügen und kräftig verrrühren. In einer Pfanne Schmalz auslassen, und aus der Masse kleine dünne Pfannkuchen backen, die auf beiden Seiten sehr knusprig sein sollen. Mit viel Apfelmus zu Tisch geben.

Rezept: „Rezepte aus der Nassauer Küche"

Kartoffelhörnchen gefüllt mit Zwetschgenlatwerge

Zutaten

250 g Mehl,
250 g Pellkartoffeln,
80 g Zucker,
50 g Butter,
1 Ei,
10 g Backpulver,
1 Prise Salz,
Latwerge (Zwetschgenmus)
zum Füllen

Zubereitung

Die Kartoffeln fein reiben. Das Mehl mit dem Backpulver dreimal durchsieben. Aus den Zutaten einen Teig bereiten und diesen in drei Teile teilen. Jedes Teil zu einer runden Teigplatte von ca. 25 cm Durchmesser ausrollen und diese über Kreuz mit einem Messer in vierteln. Jedes dieser Stücke mit einem Teelöffel Latwerge füllen und von der breiten Seite her zu einem Hörnchen aufrollen. Die Hörnchen auf ein Blech setzen, mit Ei bestreichen und ca. 20 Minuten bei 180 Grad backen.

Die Hörnchen aß man früher zur Kartoffelsuppe.
Rezept: Hotel-Restaurant „Schwanen", Beerfelden

Kartoffelwaffeln mit Grünkern

Zutaten

1 kg Kartoffeln,
2 Zwiebeln,
3 Eier,
200 g Grünkernschrot,
3 EL Grünkernmehl,
100 g Crème fraîche,
Salz und Pfeffer

Zubereitung

Die Kartoffeln waschen, schälen und reiben. Die Zwiebeln schälen und fein würfeln. Beides zusammen in eine Schüssel geben und mit den Eiern, dem Grünkernmehl und -schrot, Crème fraîche, Salz und Pfeffer verrühren. Den Teig etwa 10 Minuten quellen lassen. Das Waffeleisen vorheizen und mit Öl einfetten. Für jede Waffel etwa 2 EL Kartoffelmasse hineingeben und ca. 3 Minuten backen. Dazu schmeckt eine Gurken-Kräuter-Creme aus einer halben geriebenen Gurke, 200 g Frischkäse, 100 g Joghurt, Knoblauch, Dill, Schnittlauch, Zitronensaft, Salz und Pfeffer.

Rezept: Christa Gombel, Greifenstein

Kartoffelwaffeln „Stern"

Zutaten
500 g Kartoffeln,
125 g Schlagsahne,
5 EL Milch,
2 EL Butter,
2 Eier,
4 Eigelb,
Salz, Pfeffer, Muskat

Zubereitung
Die Kartoffeln gut abbürsten und in kochendem Salzwasser ca. 20 Minuten garen, dann pellen und pürieren. Sahne mit Milch, Butter, Eiern und Eigelben verrühren, erwärmen und unter die Kartoffeln ziehen. Mit Salz, Pfeffer und Muskat würzen. Im heißen Waffeleisen goldbraun backen.

Rezept: Reiner Vigelhahn,
Hotel zum Stern,
Oberaula

Einfache Kartoffelwaffeln

Zutaten
1 1/2 kg Kartoffeln,
1 1/2 l Vollmilch,
4 Eier,
1 kg Mehl,
1 Pck. Hefe

Zubereitung
Kartoffeln schälen, zu Salzkartoffeln kochen. Das Wasser abschütten, Kartoffeln pürieren und die Hälfte der Milch dazugeben. Die Hefe in etwas lauwarmer Milch und 1 EL Zucker ansetzen. Das Mehl und die Eier in eine Schüssel geben, die anderen Zutaten hinzugeben und alles zu einem Teig verarbeiten. Anschließend im gefetteten Waffeleisen backen.

Rezept: Elli Knierim, Obergeis

Kartoffelbrot

Zutaten

500 g Mehl,
1 Würfel Hefe,
1 gestrichener TL Salz,
75 g zerlassene Butter,
1 Ei,
1/8 l Milch,
500 g gekochte und geriebene
Kartoffeln (am besten
Salzkartoffeln vom Vortag)

Zubereitung

Das Mehl in eine vorgewärmte Schüssel geben und in die Mitte eine Vertiefung drücken. Die Hefe in etwas lauwarmer Milch auflösen und in die Mulde gießen. Mit so viel Mehl vermengen, daß ein Vorteig ensteht. Diesen mit etwas Mehl bestäuben und zugedeckt an einem warmen Platz 15 Minuten gehen lassen. Danach die restliche Milch erwärmen, mit Butter, Salz, Mehl und Ei zu einem glatten Teig verarbeiten, schlagen, bis er Blasen wirft und nochmals ca. 20 Minuten gehen lassen. Anschließend die Kartoffeln untermengen, eine Kastenform einfetten und den Teig hineingeben. Dann nochmals gehen lassen. Ca. 60 Minuten bei 180 Grad backen.

Rezept: Christa Gombel,
Greifenstein

Gefüllte Kartoffel-Brezeln, Kränzchen und Hörnchen

Zutaten

300 g geriebene Kartoffeln,
300 g Mehl,
15 g Backpulver,
150 g Zucker,
1 Vanilleschote,
150 g Butter,
2 Eier,
2 EL Milch

Zubereitung

Vanilleschote halbieren, Mark auskratzen und dem Zucker zugeben. Kartoffeln, Butter und ein Ei zugeben. Aus dem Teig Brezeln und Kränzchen formen, mit Mohn oder Nüssen füllen. Die Hörnchen nach belieben mit Marzipan füllen.

Rezept: Carola Merkel, Pension
Dornrös'chen, Höchst/Odw.

Kartoffelblock

Zutaten

Hefeteig,
500 g Kartoffeln (vorwiegend
festkochend bis leicht mehlig),
am Vortag gekocht und heiß
durchgepreßt,
2 Eier,
80 g Zucker,
75 g geriebene Haselnüsse,
400 g saure Sahne,
Saft von einer halben Zitrone,
Zucker und
Zimt zum Bestreuen

Zubereitung

Einen Hefeteig aus 500 g Mehl bereiten und auf einem gefetteten Backblech gut gehen lassen . Die Eier trennen und das Eiweiß zu steifem Schnee schlagen. Die Eigelbe mit dem Zucker schaumig rühren, Zitronensaft, Sahne und die Haselnüsse unterrühren. Nun die geriebenen Kartoffeln dazugeben und den Eischnee unterheben. Diese Masse auf den Hefeteig streichen und mit Zimt und Zucker bestreuen. Bei 200 Grad ca. 30 Minuten goldgelb backen. Als Dessert schmeckt der Karttoffelblock warm mit Rumtopffrüchten und einem Tupfer Sahne.

Rezept: Regina Böhm, Kohlbacher
Hof, Brensbach

Kartoffel-Lebkuchen

Zutaten

12 EL gekochte,
geriebene kalte Kartoffeln,
500 g Zucker (ein Teil kann
durch Honig ersetzt werden),
4 Eier,
60 g Zitronat,
60 g Orangeat,
250 g gemahlene Haselnüsse,
250 g gemahlene Mandeln,
2 EL Zimt,
2 TL Nelken,
16–20 EL Mehl,
1 Pck. Backpulver

Zubereitung

Alle Zutaten zu einem Teig verarbeiten, kleine Teighäufchen auf Oblaten streichen. Dies geht gut mit einem in Wasser getauchten Messer. Bei mittlerer Hitze 15 Minuten backen. Die Oberseite mit Glasur bestreichen.

Rezept: Erna Gastner, Nürnberg

Grumber-Pannekuche mit Rhabarber-Sahne

Zutaten

600 g Kartoffeln,
30 g Mehl,
0,1 l Sahne,
6 Eier,
Salz, Puderzucker,
4 Stangen Rhabarber,
Zucker,
1/2 l geschlagene Sahne

Zubereitung

Kartoffeln schälen, kochen, durchpressen und mit dem Mehl vermengen. Sahne und Eier langsam einrühren, salzen und 20 Minuten ruhen lassen. Butter in einer Pfanne schmelzen und die Pfannkuchen darin dünn ausbacken. Rhabarber putzen und in Stücke schneiden. Anschließend mit Zucker und Wasser weichkochen, abkühlen lassen. Geschlagene Sahne unterheben und die Pfannkuchen damit füllen.

Rezept: Landgsthof „Zur Linde",
Weilrod-Gemünden

Apfelkrapfen im Kartoffelteig gebacken auf Rotweinschaum

Zutaten

3 Äpfel,
0,1 l Mehl,
0,1 l Bier,
1 Ei,
100 g Pellkartoffeln,
Prise Zucker und Salz,
Zimtzucker,
2 Eigelb,
50 g Zucker,
1/8 l Rotwein

Zubereitung

Das Mehl mit dem Bier glattrühren. Ei, Zucker und Salz zugeben (am besten das Eiweiß steifgeschlagen unterheben). Zum Schluß die fein geraspelten Pellkartoffeln unterheben. Die Äpfel schälen, in Spalten schneiden, in die Masse eintauchen und in schwimmendem Fett backen. Danach in Zimtzucker rollen. Die Eigelbe mit dem Zucker gut schaumig rühren. Den Rotwein zugeben und im Wasserbad heiß aufschlagen, bis der Schaum eine dickflüssige Konsistenz hat. Den Rotweinschaum auf Tellern anrichten, die Apfelkrapfen darauf setzen. Mit Apfelfächern garnieren.

Rezept: Armin Treusch, Restaurant
Treusch im Schwanen, Reichelsheim

Kartoffelpudding

Zutaten

300 g mehlige Kartoffeln,
40 g Butter,
4 Eigelb,
50 g Zucker,
4 Eiweiß,
80 g geriebene Mandeln,
3 Tropfen Bittermandelöl,
abgeriebene Schale einer
Zitrone (unbehandelt),
50 g geriebenes Weißbrot

Zubereitung

Die Kartoffeln am Vortag halbgar kochen und fein reiben. Die schaumig geschlagene Butter mit den übrigen Zutaten vermengen. Die Kartoffelmasse und das Weißbrot dazugeben. Zum Schluß das sehr steif geschlagene Eiweiß unterheben. Die Masse in eine gefettete, feuerfeste Puddingform geben und im Wasserbad im Backofen bei 180 Grad ca. 1 Stunde garen. Dazu paßt jede Art von Fruchtsoßen oder auch in Wein geschmorte Äpfel.

Rezept: Karin Eichel

Gebackene Kartoffelnudeln

Zutaten

1 kg Kartoffeln,
1 Ei,
Mehl,
1 Prise Salz,
Schmalz

Zubereitung

Kartoffeln in der Schale kochen, pellen und durchpressen. Mit einer Prise Salz, dem Ei und soviel Mehl verkneten, daß ein halbfester Teig entsteht. Diesen bleistiftdick ausrollen, in Fingerlänge schneiden und zu rundlichen Nudeln drehen. Die Nudeln in heißem Schmalz backen und mit Obst oder Obstsoße servieren.

Rezept: Wirtshaus Zum Adler, Hessenpark

Alte Kartoffelköstlichkeiten

Apfelauflauf mit Kartoffeln (aus dem Jahre 1850)

Man nehme 1/2 Kilo geschälte und geriebene Äpfel sowie 1/2 Kilo geschälte und geriebene Kartoffeln. Dazu 60 Gramm Rosinen, 60 Gramm Zucker und die Schale einer Zitrone. Alles wird mit 4 Eidottern und 1/2 Liter Rahm untereinander gerührt. Zuletzt menge man den Schnee von 4–5 Eiklar hinzu und fülle alles in ein hohes Blech, welches mit Butter bestrichen wurde. Den Apfelauflauf mit Kartoffeln lasse man nun zur Freude im Ofen schön backen!

Ein gutes Gebäck von Kartoffeln (aus dem Jahre 1838)

Koche 6 Kartoffeln von solchen, welche recht mehlig sind. Lasse sie kühl werden, schäle und reibe sie. Nimm nun 10 Eier, gebe die Dotter zu den Kartoffeln. Das Weiße schlage zu Schnee. Hinzu kommen 30 g Zucker, das Abgeriebene von 2 Zitronen, sowie etwas Zimt und etwas Salz. Dies alles rühre unter die Kartoffeln und hebe am Ende das geschlagene Eiweiß hinzu. Nun thut man es in einen blechenen Backreifen, welcher mit einem mit Butter bestrichenen Papier ausgelegt wurde. Schiebe das Gebäck in den Backofen, damit es schnell in die Höhe steigt, und backe es schön.

Milchkartoffeln (Rezept um 1850)

Kartoffeln in Stücke schneiden. Frische Milch kochen, die Kartoffelstücke hineingeben und, wenn sie gargekocht sind, sämig miteinander verrühren. Nun fetten Speck in Würfel schneiden und anbraten. Schmale Speckstücke dazwischenlegen und dunkelbraun braten lassen. Das Fett und die Grieben in einem Napf servieren. Beim Essen aus dem Teller beliebig viele Milchkartoffeln mit dem Fett übergießen Als Zuspeise mag man genießen: Sülze, saure Fische, Fischmus oder durchwachsenen Speck.

Kartoffel-Mohn-Nudeln mit eingelegten Zimt-Pflaumen

Zutaten

400 g gekochte Pellkartoffeln,
150 g Mehl,
1 Ei,
30 g Butter,
80 g gemahlener Mohn,
1 Prise Salz,
400 g entkernte Pflaumen,
1/4 l lieblicher Rotwein,
1/4 l Portwein,
100 ml Grenadine,
geriebene Schale einer
unbehandelten Orange,
2 EL Honig

Zubereitung

Die Kartoffeln kochen, pellen und warm durch eine Presse drücken. Mohn in der Butter kurz anrösten. Die Kartoffelmasse mit dem Mohn, dem Mehl und dem Ei zu einem Teig verkneten. Nudeln formen und in leichtem Salzwasser pochieren. Rotwein, Portwein, Grenadine, Orangenschale und Honig erhitzen und auf die Hälfte einkochen lassen. Die Pflaumen nun mit dem Fond aufkochen, mit Zimt abschmecken und mit den noch warmen Kartoffel-Nudeln anrichten.

Rezept: Restaurant „Zur Deutschen Eiche", Grebenstein

Zwetschgenklöße auf Apfelwein-Soße

Zutaten

400 g gekochte Kartoffeln,
80 g Mehl,
20 g Grieß,
1 Ei, Salz, Muskat,
12 Zwetschgen,
100 g Semmelbrösel,
1 EL Butter oder Schmalz

Zutaten Soße

1/2 l Apfelwein,
10 g Kartoffelstärke,
2 EL Zucker

Zubereitung

Die gekochten Kartoffeln durch einen Fleischwolf drehen, Mehl, Grieß, Ei und Gewürze dazugeben und alles zu einem glatten Teig verarbeiten. Den Teig in 12 gleich große Teile teilen. Die Zwetschgen waschen und vorsichtig den Kern entfernen, ohne die Zwetschgen zu teilen. Den Teig in der flachen Hand zu einer runden Platte drücken und eine Zwetschge darauflegen. Nun zu einem Knödel formen, der dabei nach Möglichkeit keine Risse aufweist. Die Butter oder das Schmalz in einer Pfanne erhitzen und die Semmelbrösel darin hellbraun rösten. Den Apfelwein, die Kartoffelstärke und den Zucker in einen Topf geben und unter Rühren zum Kochen bringen. Die Zwetschgenklöße in kochendes Salzwasser geben und gar ziehen lassen. Die Apfelwein-Soße auf vier Teller verteilen. Einen Knödel nach dem anderen gut abgetropft in die gerösteten Semmelbrösel legen und wenden, bis er ganz bedeckt ist. Nun auf den Teller zur Soße geben und mit Puderzucker bestreuen.
Rezept: Speisegaststätte Mümling-Stube, Erbach

Süßes von Himmel und Erde

Zutaten

200 g Äpfel,
200 g Kartoffeln,
2 Eier,
50 g Kartoffelmehl,
1 Pck. Vanillezucker,
1 Prise Salz,
Zucker und Zimt

Zubereitung

Äpfel und Kartoffeln grob raspeln, dann mit Eiern, Kartoffelmehl, Vanillezucker und einer Prise Salz mischen. In Butterschmalz vorsichtig vier Pfannkuchen backen. Mit Zucker und Zimt bestreuen und mit Apfelmus servieren.
Rezept: Gasthof „Zur Linde", Oberaula

Süßer Kartoffeldätscher

Zutaten

*700 g gekochte Kartoffeln
vom Vortag,
200 g Mehl,
2 Würfel Hefe,
1/2 Tasse Milch,
1 Ei, süße Sahne,
Öl, Muskat,
Schmand*

Zubereitung

Kartoffeln durch den Fleischwolf drehen, Ei, Salz und Muskat dazugeben. Mehl mit Hefe und der lauwarmen Milch zum Gehen ansetzen. Alles zu einem geschmeidigen Teig gut durchkneten. Das Ganze auf ein gefettetes Blech geben und gleichmäßig ausrollen. Süße Sahne, Schmand und Öl vermischen und auf den Teig streichen. Etwas Paniermehl, Zucker und Zimt darüberstreuen. Bei 200 Grad backen, bis der Dätscher goldbraun ist.

Kartoffelauflauf „wie dahaam"

Zutaten

*750 g Pellkartoffeln,
100 g Butter,
4 Eigelb,
80 g Zucker,
1 Pck. Vanillezucker,
4 Eiweiß*

Zubereitung

Eigelb, Butter, Zucker und Vanillezucker verrühren. Die erkalteten, durchgepreßten Kartoffeln und den Eischnee unter die Eimasse ziehen und in eine Auflaufform füllen. 45 Minuten bei 175 Grad backen. Mit Vanillesoße servieren.

Rezept: Elly Bolzt, Landfrauenverein Landecker Amt, Schenklengsfeld

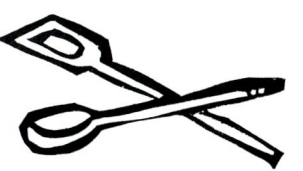

„Hochzeiten und Kartoffeln sind zwei zu ernste Dinge, um darüber zu spotten!"
Altes irisches Sprichwort

Kartoffelplätzchen

Zutaten
1 kg gekochte Kartoffeln,
500 g Quark,
250 g Zucker,
125 g Rosinen

Zubereitung
Die Zutaten zu einem Teig verkneten und diesen zu eigroßen Plätzchen formen. Die Plätzchen in Weckmehl wälzen und in Fett ausbacken. Dazu schmeckt Vanillesoße.

Rezept: Heinz W. Frühwacht, Wiebelsbach

Kartoffelwaffeln mit Roter Grütze

Zutaten
250 g feingeriebene, gekochte Kartoffeln,
50 g Butter,
2 Eigelb,
2 Eiweiß,
1 Prise Salz,
5 EL Sahne

Zubereitung
Butter und Eigelb schaumig rühren, Eiweiß und Salz zu Schnee schlagen und unter die Eigelbmasse ziehen. Sahne und zum Schluß die Kartoffeln dazugeben. Den Teig portionsweise in ein gut gefettetes Waffeleisen geben und die Waffeln goldgelb backen. Gut mit Staubzucker bestreuen und mit Roter Grütze servieren.

Rezept: Carola Merkel, Pension Dornrös'chen, Höchst/Odenwald

Kartoffelpickert

Zutaten
1 kg Kartoffeln,
500 g Mehl,
1/2 l Milch,
3 EL Hefe,
Korinthen,
Salz,
Butter

Zubereitung
Aus dem Mehl, der Milch und der Hefe einen Hefeteig herstellen. Die Kartoffeln roh reiben, mit dem Hefeteig vermischen, die Korinthen zugeben und den Teig gehen lassen. Dann aus dem Teig handgroße Plinsen backen und mit Butter anrichten.

Rezept: Wirtshaus Zum Adler, Hessenpark

Kartoffel-Hagebutteneisparfait

Zutaten

125 g Pellkartoffeln,
100 g Joghurt,
150 g Quark (40 % Fett),
200 g Zucker,
200 ml Sahne,
etwas abgeriebene
Zitronenschale,
2 cl Gin,
100 g Hagebuttenmark,
20 g Zucker

Zubereitung

Die Pellkartoffeln mit Quark, Joghurt, Zitronenschale, Gin und Zucker im Mixer pürieren. Die Sahne steif schlagen und unterheben. In eine Form füllen, das mit dem Zucker vermischte Hagebuttenmark einlaufen lassen und wie bei einem Marmorkuchen verziehen. Gefrieren.

Rezept: Armin Treusch, Restaurant Treusch im Schwanen, Reichelsheim

Kartoffelnocken mit Erdbeerpüree

Zutaten

500 g Kartoffeln,
120 g Zucker,
1 EL gemahlener Mohn,
1 EL gemahlene Haselnüsse,
1 Ei,
100 g Mehl,
Muskat, Salz,
250 g Erdbeeren,
2 cl Rum,
7 EL Wasser

Zubereitung

Kartoffeln kochen, pellen, abkühlen lassen und durchdrücken. Mehl, Ei und die Hälfte des Zuckers dazugeben und zu einem Teig kneten. Mohn und Haselnüsse in einer Pfanne rösten und zum Teig geben. Mit Salz und Muskat abschmecken. Mit einem Eßlöffel kleine Nocken abstechen, im kochenden Wasser kurz garen, anschließend in Butter abschwenken. Erdbeeren pürieren, den Zucker im Wasser auflösen, Rum zugeben und unter das Erdbeerpüree mischen.

Rezept: Zum Schützenhof, Beerfelden

Kartoffel-Aprikosenknödel auf Aprikosenkompott

Zutaten

500 g Kartoffeln,
80 g Mehl,
1 Eigelb,
10 g Butter,
1 Prise Salz,
12 Aprikosen

Zubereitung

Die Kartoffeln waschen, schälen, kochen, durch ein Sieb streichen und ausdampfen lassen. Mehl, Butter, Eigelb und Salz dazugeben und zu einem Teig verarbeiten. Die Aprikosen entsteinen und mit je einem Zuckerwürfel füllen. Dann mit Teig umhüllen, zu einem Knödel formen und in kochendem, leicht gesalzenem Wasser garen. Die restlichen Aprikosen in Spalten schneiden, mit Wasser, Zucker und etwas Aprikosenlikör kurz aufkochen. Das Kompott in tiefe Teller verteilen, die Knödel darauf anrichten und warm servieren.

Rezept: Die Schmelzmühle,
Ober-Klingen

Kartoffelmäuschen

Zutaten

800 g Mehl,
500 g geriebene,
gekochte Kartoffeln,
2 Päckchen Trockenhefe,
30 g Zucker,
1 Pck. Vanillezucker,
1 Prise Salz,
geriebene Schale von
1/2 Zitrone,
1/4 l lauwarme Milch

Zubereitung

Aus allen Zutaten einen Teig kneten und eine Stunde stehen lassen. Mit einem Eßlöffel längliche Nocken vom Teig abstechen und im heißen Fett von beiden Seiten goldgelb backen, auf Küchenkrepp ablegen. Vor dem Anrichten mit Zucker und Zimt bestreuen.

Rezept: Horst Weihrich, Restaurant
Ratsherrenstuben, Hattersheim

Kartoffelkrapfen in Bierteig gebacken mit Zimt und Zucker

Zutaten Kartoffelteig, für 6 Personen

500 g Kartoffeln,
50 g Mehl,
1 Ei,
60 g Zucker,
50 g Kartoffelmehl,
20 g gemahlene Haselnüsse,
Salz, Zimt,
Zucker und Muskat

Zutaten Bierteig

140 g Mehl,
2 Eidotter,
1/8 l Bier,
2 EL Öl,
Prise Salz,
10 g Zucker,
2 Eiklar

Zubereitung Kartoffelkrapfen

Kartoffeln schälen, kochen und heiß durchpressen, Mehl, Kartoffelmehl, Ei, Zucker, Salz und etwas Muskat dazugeben und zu einem Teig verkneten. Haselnüsse anrösten und unter den Teig geben.

Zubereitung Bierteig

Mehl mit Bier, Eidotter, Öl und einer Prise Salz glatt verrühren. Nicht zu lange rühren, sonst wird der Teig zäh. Die Eiweiße mit dem Zucker steif schlagen und unter den Bierteig heben. Mit einem Löffel Krapfen vom Kartoffelteig abstechen, in etwas Mehl rollen, in Bierteig tauchen und in heißem Fett gold- gelb backen. Zimt und Zucker vermengen und die Krapfen darin rollen. Dazu paßt Vanille-Apfelmus (Vanille-Soße mit Apfelmus vermengt).

Rezept: Zum Schützenhof, Beerfelden

163

Kartoffel-Honigwaffeln mit Beeren und Pfefferminzjoghurt

Zutaten

150 g Mehl,
60 g Butter,
1/2 Teelöffel Backpulver,
2 Eier,
100 g Honig,
3 EL Milch,
200 g Pellkartoffeln,
Salz, Pfeffer,
300 g Joghurt,
frische Pfefferminzblätter,
Zucker,
frische Beeren

Zubereitung

Butter mit Honig und den Eiern schaumig rühren. Das Mehl, Backpulver und die Milch unterrühren, zum Schluß die geriebenen Kartoffeln. Im Waffeleisen backen. Die Pfefferminzblätter in feine Streifen schneiden. Diese mit dem Joghurt vermischen. Nach Geschmack süßen.

Rezept: Armin Treusch, Restaurant
Treusch im Schwanen, Reichelsheim

Kartoffel-Brotaufstrich

Zutaten

500 g Kartoffeln,
3 kleine Zwiebeln,
2 große säuerliche Äpfel,
2 Knoblauchzehen,
60 g Butter,
frische Kräuter, wie Schnitt-
lauch, Petersilie, Basilikum,
120 g Schmand,
Majoran, Muskat, Salz und
Pfeffer

Zubereitung

Die Kartoffeln kochen, pellen und durchpressen. Zwiebeln, Äpfel und Knoblauch kleinschneiden und in Butter andünsten. Anschließend abkühlen lassen und zu den Kartoffeln geben. Die Kräuter fein hacken und mit dem Schmand ebenfalls zur Kartoffelmischung geben. Mit den Gewürzen abschmecken, kühl stellen und durchziehen lassen. Der Kartoffelaufstrich schmeckt sehr gut auf frischem Bauernbrot. Man kann ihm im Kühlschrank 2–3 Tage lang aufheben.

Erdäpfelstrudel

Zutaten Teig
250 g Mehl,
2 EL Öl,
1 Ei,
1/8 l Wasser,
1 TL Essig,
1 Prise Salz

Zutaten Belag
300 g geschälte,
gekochte und
zerdrückte Kartoffeln,
80 g Butter,
50 g Zucker,
2 Eier,
1 Prise Salz,
abgeriebene Schale einer
halben unbehandelten Zitrone,
1/8 l saure Sahne,
50 g geriebene Mandeln,
20 g in Rum eingelegte
Rosinen,
40 g flüssige Butter,
Butter zum Einfetten,
1/8 l Milch,
1 Pck. Vanillezucker

**Rätsel:
Was hat Augen
und kann doch
nicht sehen?**

Zubereitung

Mehl, Öl, Ei, Wasser, Essig und Salz zu einem Teig verarbeiten und gut durchkneten, bis er sich glatt und geschmeidig anfühlt. Den Teig in Alufolie einwickeln und im Kühlschrank mindestens eine halbe Stunde ruhen lassen. Dann auf einem mit Mehl bestäubten Küchentuch so lange ausziehen, bis er ganz durchsichtig ist. Man soll eine Zeitung durch den Teig hindurch lesen können! Butter, Zucker und Eigelb vermischen und mit dem Handrührgerät schaumig rühren. Salz und die abgeriebene Zitronenschale dazugeben. Den abgekühlten Kartoffelbrei hinzufügen, ebenso die saure Sahne, die geriebenen Mandeln und die in Rum eingelegten Rosinen. Eiweiß steif schlagen und unterziehen. Den ausgerollten Strudelteig mit dem Pinsel mit flüssiger Butter bestreichen. Die Kartoffelmasse auf vier Fünftel des Teigs vorsichtig verteilen. Den Strudel fest einrollen. Außen ebenfalls mit Butter bepinseln. Den Strudel in eine eingefettete rechteckige Auflaufform setzen und 20 Minuten bei 180 Grad vorbacken. 1/8 l Milch mit Vanillezucker aufkochen und über den Strudel gießen. Weiterbacken, bis die ganze Flüssigkeit aufgesaugt ist. (ca. 25 Minuten). Den Strudel heiß mit Vanillesauce servieren.
Rezept: Bernd Siefert, Michelstadt

Kartoffeltorte nach Art des „Alten Fritz"

Zutaten Teig

400 g geriebene Pellkartoffeln,
200 g Mandelgrieß,
8 Eier,
180 g Zucker,
50 g Mehl,
Zimt,
Nelken,
Zitrone,
Vanille und
Kardamom nach Geschmack

Zutaten Butterkrem

250 g Butter,
3 Eier,
125 g Zucker ,
25 ml Kartoffelschnaps

Zubereitung

Die Pellkartoffeln reiben und mit Mandelgrieß, den Eigelben, 80 g Zucker, Zimt, Nelken, Zitrone, Vanille und Kardamom schaumig rühren. Die 8 Eiweiß mit 100 g Zucker zu Schnee schlagen, dann diesen Eischnee und das Mehl unter die zuvor gerührte Masse heben. Die Masse in eine gefettete, mit Semmelbrösel ausgestreute Springform geben und bei 200 Grad im vorgeheizten Backofen ca. 30 Minuten backen, auskühlen lassen und in drei Scheiben schneiden. Für die Butterkrem die Butter schaumig schlagen. Dann Eier und Zucker unter ständigem Rühren auf ca. 85 Grad erhitzen, vom Feuer nehmen und sofort mit dem Schneebesen so lange schlagen, bis die Eiermasse kalt ist. Zum Schluß den Kartoffelschnaps unter die Krem ziehen. Den Kartoffelbiskuit mit der Butterkrem füllen und rund herum bestreichen. 200 g Marzipan mit ewas Puderzucker dünn ausrollen und die Torte damit einkleiden. Mit einem Holzlöffel Vertiefungen so anbringen, daß die Torte „wie eine Kartoffel" aussieht, leicht mit Kakaopulver bestäuben und dieses etwas verwischen.

Rezept: Bernd Siefert, Michelstadt

…und so trocknete man früher Kartoffeln

Kartoffeln wurden gekocht und durch eine Presse gedrückt, die einen Einsatz mit einem großlöchrigen Sieb hatte. Die Kartoffeln kamen dann heraus und hatte die Form von kurzen Nudeln, die in kleine Stückchen zerfielen. Die „kartoffeligen Reiskörner" wurden in der Sonne oder auch in der letzten Wärme des Backofens getrocknet. Man kochte sie wie Reis in Wasser, Fleischbrühe oder auch Milch. Na – das könnte man doch auch mal heutzutage probieren?

Kartoffelparfait (halbgefrorenes Eis)

Zutaten

250 g gekochte,
geriebene Kartoffeln,
250 g Quark,
250 g Joghurt
(nach Belieben gleich mit
Geschmack, z. B. Erdbeere),
150 g Zucker,
Schale und Saft von
einer Zitrone,
Mark einer Vanilleschote,
250 g Sahne
Kartoffeln,
Quark,
Joghurt

Zubereitung

Zucker, Zitronensaft und -schale miteinander verrühren, die Sahne schlagen und unterheben. Dann die Masse in eine Schüssel füllen und für mindestens 4 Stunden ins Gefrierfach legen. Das Parfait 15 Minuten vor dem Servieren aus dem Gefrierfach nehmen und anrichten.

Rezept: Bernd Siefert,
Michelstadt

Kartoffeltrüffel

Zutaten

125 g gekochte Kartoffeln,
50 g Butter,
120 g Butterkuvertüre,
60 g Vollmilchkuvertüre,
Mark von 3 Vanilleschoten,
1 Schuß Rum,
Puderzucker

Zubereitung

Die Kartoffeln mit im Wasserbad aufgelöster Kuvertüre zu einer glatten Masse verrühren und dann das Vanillemark und einen Schuß Rum dazugeben. Alles auf einem Backblech gleichmäßig verteilen und über Nacht kühl stellen. Aus der Masse kleine Kugeln formen , diese in aufgelöster Bitterkuvertüre zwischen den Händen rollen und gleich in Puderzucker wälzen – fertig!

Rezept: Bernd Siefert, Michelstadt

Süße Kartoffelknödel mit Schokolade

Zutaten

400 g geschälte Pellkartoffeln,
250 g Mehl,
2 Eier,
Salz,
4 EL Zucker,
2 EL Schokoladenpulver,
200 g Semmelbrösel,
50 g Zucker,
100 g Butter,
1/4 l Vanillesoße,
Obst zum Garnieren

Zubereitung

Die Kartoffeln kochen, pellen und in eine Schüssel reiben. Salz, Eier und Mehl zugeben und gut durchkneten, so daß eine feste Masse entsteht. Die 4 EL Zucker und 2 EL Schokoladenpulver miteinander vermischen. Aus der Teigmasse ein Stück herausnehmen, flach auf die Hand drücken und mit einem Teelöffel eine kleine Menge der Schoko-Zuckermischung daraufgeben. Den Teig zu einem Knödel formen, diesen in kochendes Wasser geben, kurz aufkochen lassen, abschalten und 20 Minuten ziehen lassen. Butter zerlassen und mit Semmelbröseln und Zucker vermischen. Wenn sich alles gut verbunden hat, zur Seite stellen (nicht anbräunen). Die Knödel aus dem Wasser nehmen und in der Bröselmasse rollen, so daß sie gut überzogen sind. Vanillesoße auf einen Teller geben, mit Obst garnieren, zwei Knödel anrichten und servieren.

Rezept: Wald-Hotel
„Habermannskreuz",
Erbach/Odenwald

Würzige Kartoffelplätzchen

Zutaten für ca. 65 Stück

ca. 200 g Pflaumenmus,
120 g Schmalz,
225 g Kartoffeln, heiß,
zerdrückt,
300 g Mehl,
2 1/2 TL Backpulver,
1/2 TL Salz,
1 TL Zimt,
1/2 TL Nelken,
1/2 TL Muskat,
75 g Dörrobst,
bei Bedarf 2 TL Zucker

Zubereitung

Pflaumenmus im Topf erwärmen, Fett dazugeben und schmelzen lassen. Topf vom Herd nehmen. Die noch heißen Kartoffeln mit den übrigen trockenen Zutaten (bis auf das Dörrobst und den restlichen Zucker) mischen und unter die Pflaumenmasse rühren. Zuletzt auch das Dörrobst an den Teig geben. Backblech gut fetten oder mit gefettetem Backpapier belegen. Mit dem Teelöffel Teig abnehmen und auf das Papier setzen. Nach Wunsch noch mit etwas Zucker bestreuen. Bei 175 Grad (Gasherd Stufe 2) 20 bis 25 Minuten backen, bis die Plätzchen fest und braun sind.

Rezept: Wirtshaus Zum Adler

Kartoffel-Schokoladen-Konfekt

Zutaten

135 g festkochende Kartoffeln,
50 g Butter,
120 g Couverture (Halbbitter),
120 g Couverture (Vollmilch),
2 Vanilleschoten
(Vanillemark ausstreichen),
50 g gemahlene Mandeln,
1 Teelöffel Rum,
2 EL Kakao oder
Puderzucker,
1 Prise Salz

Zubereitung

Butter und Couverture im Wasserbad auflösen, abkühlen lassen und die gekochten und durchgepreßten Kartoffeln unterziehen. Zucker, Vanillemark, Salz, Mandeln, Rum dazugeben und umrühren. Kalt stellen. Die gut gekühlte Masse ca. 3 cm dick ausrollen und in Kako oder Puderzucker wälzen. 2–3 Stunden in den Kühlschrank stellen, die Schokoladenrolle in Taler schneiden und servieren.

Rezept: Horst Weihrich, Restaurant
Ratsherrenstuben, Hattersheim

Noch mehr Geschichten und Sprüche rund um die Kartoffel

*Im 19. Jahrhundert sollen sich zwei Barbiere
so sehr gestritten haben, daß sie sich schließlich erbittert
zum Duell forderten. Doch ihre Sekundanten
wollten das Blutgemetzel verhindern und ersannen eine
folgenschwere List: Sie füllten die Pistolen anstatt
mit Kugeln mit kleinen gekochten Kartoffeln.
Man kann sich vorstellen, wie dieses Duell im
Morgengrauen endete…*

*König Max II. besuchte das Infanterieregiment in
Landau in der Pfalz. Ein 1,97 Meter hoher Bursche fiel ihm
besonders in Auge. Der König fragte ihn nach seiner
Heimat, und als er die Antwort bekam, meinte er verwundert:
„Was, aus der Oberpfalz? Gib es denn in der
Erdäpfelpfalz so große Männer?"
Der Bursche war nicht auf den Mund gefallen:
„Seine Majestät, so wie die Erdäpfel im
Boden treiben, so treiben sie auch im Menschen!"
Er erhielt für seine schlagfertige Antwort einen Taler
vom König und von seinem Hauptmann an diesem Tag
die doppelte Verpflegung – ob mit Kartoffeln,
darüber ist nichts überliefert.*

Und so kam die Kartoffel in den Odenwald

Wenn im Herbst auf den Äckern im Odenwald die Kartoffelfeuer rauchen und die Gastwirte zu den traditionellen Kartoffelwochen laden, fragt sich mancher: Wann fand eigentlich die Kartoffel ihren Weg hierher?

1754 schrieb der Erbacher Arzt Gottfried Ludwig Klein in lateinischer Sprache im „Odenwaldbuch": „Die ersten Kartoffeln wurden bei uns vor einem halben Jahrhundert angebaut und sie waren so selten, daß man dort, wo heute tausende von Scheffeln geerntet werden, damals nur ein Scheffel bekam". In seinem Buch berichtete der Arzt auch über die ersten Kochrezepte für die neue Frucht und schildert darin ihre vielseitige Verwendung in Suppen, im Brei, als Brotzusatz und in anderer Form. Die rechte Kartoffelbegeisterung kam allerdings erst nach seiner Zeit auf. Aus den

Schriften läßt sich jedoch folgern, daß es die Kartoffel schon im 17. Jahrhundert im Odenwald gab – wenn auch zunächst nur in geringen Mengen.

Diese Behauptungen lassen sich auch anhand von anderen Quellen bestätigen: So gehört im Jahre 1742 die Kartoffel in Wörth am Main zu den Naturalien, die an die französische Besatzung abzuliefern waren. In Hainstadt zählt die Erdknolle 1743 zu den Fronfuhren für die herrschaftliche Burg Breuberg, und 1750 wurde sogar eine Flur in Rai-Breitenbach ''Kartoffelschlag" genannt. Alle Forschungsergebnisse deuten darauf hin, daß die Kartoffel in den ertragsarmen Hochflächen des Odenwaldes sogar eher den Durchbruch schaffte als an der Bergstraße oder im vorderen Odenwald. Der Odenwald war also eines der frühen Kartoffelanbaugebie-

te in Deutschland. Der um die Wohlfahrt seines Landes bemühte Graf von Erbach ließ 1772 in seinem Dorfe Würzberg 25 Zentner Kartoffeln verteilen. Er wollte damit eine drohende Hungersnot lindern, denn Hagelschlages hatte die Kornernte vernichtet.

1800 stellte die Kartoffel bereits eine wesentliche Konkurrenz zum Korn dar. Es kam sogar stellenweise soweit, daß Getreidebauern Klagen darüber erhoben, daß der vermehrte Kartoffelkonsum die Getreidepreise sinken lasse und die Bauern so ruiniert würden.

Der Kartoffelanbau änderte die Wirtschaftsweise fast aller landwirtschaftlichen Betriebe im

172

Odenwald . Auf ehemaligen Brachflächen wurden zusätzliche Ernten erzielt. Als sogenannte „Hackfrucht" erforderte die Knolle allerdings mehr Pflegearbeiten als andere Feldfrüchte und machte viele landwirtschaftliche Arbeitskräfte erforderlich. So kamen sogar zahlreiche zusätzliche Tagelöhner zu Arbeit und Brot. Mit dem vermehrten Kartoffelanbau stieg ebenso der Bedarf an Wohnraum und an Stallungen, denn mit Kartoffeln und Kartoffelschalen ließ sich mehr Vieh als früher halten. Die stark wachsende Be-

völkerung zu Beginn des 19. Jahrhunderts machte schließlich den Kartoffelanbau unentbehrlich. Doch diese starke Bindung erwies sich natürlich auch als gefährlich: In den Jahren 1816 und 1829 vernichteten starke Niederschläge in den Herbstmonaten die Kartoffelernten fast vollständig. In der Odenwälder Bauernchronik der Familie Scheffer in Vielbrunn heißt es: „1829 ist ein nasser Herbst gewesen, daß viele Kartoffeln draußen geblieben und erfroren sind." Mißernten gab es auch im 20. Jahrhundert immer wieder.

So ging der Winter 1917/18 als „Steckrübenwinter" in die Geschichte ein. Die Reichskartoffelstelle empfahl mitten im Kriegswinter die Kohlrübe, Steckrübe und Bodenkohlrabi in frischem und getrocknetem Zustand als Kartoffelersatz. Und weil Not erfinderisch macht, entwickelten manche Köche auch viele sättigende Gerichte mit Steckrüben, wie zum Beispiel „Steckrübenpudding" oder gar „Steckrübenkoteletts".

Horst Schnur

Ganz lecker: Odenwälder Kartoffelwochen

Kartoffeln gehören im Odenwald seit eh und je zu den Grundnahrungsmitteln. Aus dem Gedanken, Gebräuche und Lebensgewohnheiten aus längst vergangenen Zeiten nicht nur zu erhalten, sondern wiederzubeleben, entstand die Idee für die beliebten Odenwälder Kartoffelwochen. In Zusammenarbeit mit dem Hotel- und Gaststättenverband Odenwald e.V. startete 1991 die erste kulinarische Woche mit traditionellen und neuen Kartoffelgerichten. Inzwischen gehören die Kartoffelwochen zum festen Bestandteil der Odenwälder Restaurants. Alljährlich beteiligen sich Dutzende von Betrieben an der Aktion, bei der im September und Oktober viele kartoffelige Köstlichkeiten auf den Speisekarten stehen. Eingerahmt und bereichert werden die Kartoffelwochen durch Veranstaltungen, Aktionen und Ausstellungen rund um die Kartoffel. Ein aktuelles Verzeichnis gibt es beim Landratsamt des Odenwaldkreises in Erbach.

Als sich während des Zweiten Weltkrieges der Kartoffelkäfer in Deutschland ausbreitete, benutzten dies die Nationalsozialisten für einen Propagandafeldzug. Sie behaupteten, englische Flugzeuge hätten Larven des „Colorado-Käfers" abgeworfen. Die Greuelnachricht wurde weithin geglaubt. Tatsächlich war der Kartoffelschädling erstmals im Jahre 1824 im Staate Colorado aufgetaucht und hatte sich bis 1874 in allen Kartoffelanbaugebieten Nordamerikas ausgebreitet. Trotz zahlreicher Vorkehrungen und Einfuhrverbote krabbelte der Kartoffelkäfer jedoch bereits 1877 in Mühlheim am Rhein auf den Feldern. Das 19. und das 20. Jahrhundert brachten aber auch neue Erntetechniken. So bauten die Schmieden Eckert in Hainstadt im Odenwald und Walther in Pfaffen-Beerfurth amerikanische Wendepflüge. Die englischen Konstrukteure Hanson und Coleman entwickelten 1852 einen Schleuderroder, der in Hersfeld von dem Fabrikanten Gottlieb nachgebaut wurde. Da diese Maschine jedoch für einen sehr schnellen Antrieb konstruiert war und möglichst vier Pferde benötigte, setzte sie sich nicht durch. Erst als Harder in Lübeck um 1896 einen leichten Schleuderroder entwickelte, der die Kartoffeln mit Schleudergabeln aus dem Boden warf, nahm der Maschineneinsatz auch in kleineren Betrieben zu. In der heutigen modernen, auf hohe Erträge ausgerichteten Landwirtschaft ist es aber auch mit dieser „Romantik" vorbei. Vergangenheit ist der herbstliche Brauch, bei dem die Schulkinder der Odenwalddörfer in den Abendstunden die Kartoffelfeuer entzündeten und frische Knollen darin brieten. Fast vergessen ist das dumpfe Gepolter der hochgeladenen Kartoffelwagen in den Straßen und das Geräusch der Erdknollen, wenn sie über die Holzrutsche in den kühlen Keller mit festgetretenem Lehmboden rutschten. Doch durch alle Zeitenwechsel hat sich eines im Odenwald bis heute erhalten: die Freude am Kartoffelgenuß!

Erinnerungen an schwere Zeiten

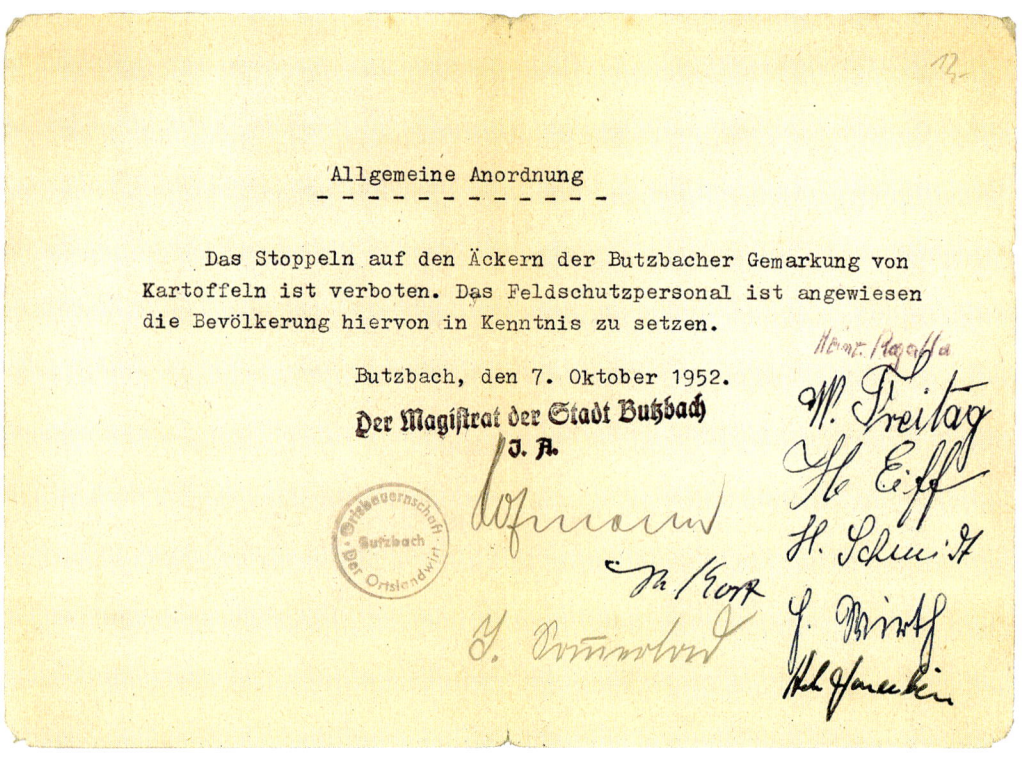

Der große Hunger

Frühjahr 1945. Wir waren gerade aus Ostpreußen geflüchtet. Seit wir von zu Hause geflohen waren, hatte es ein einziges Mal Eintopf gegeben, sonst immer nur Brot mit Marmelade oder Sirup. Eines Tages sah ich, daß ein Bauer Kartoffeln legte. Ich merkte mir den Acker. Abends gegen 10 Uhr zog ich mit Messer und Korb los. Ich zitterte vor Angst, aber der Hunger war groß. Von den ausgebuddelten Pflanzkartoffeln schnitt ich jeweils eine Hälfte ab und legte sie wieder in die Erde, die anderen nahm ich in den Korb. Mit der Angst im Nacken, daß jemand kommen könnte, lief ich den Acker rauf und runter. Als der Korb immer schwerer wurde, schlich ich mich zurück in das Zimmer, das wir mit sechs Personen bewohnten. Am anderen Tag hatten wir endlich wieder einmal Kartoffeln zum Sattessen. Das erste Mal seit einem Vierteljahr. Ich war damals zehn Jahre alt.

Hannelore Kösterke, Korbach

Kartoffeln 1946

Wenn etwas für die Ernährung in den letzten Kriegsjahren und in der Nachkriegszeit wichtig war, dann die Kartoffeln! Sie bildeten die Grundlage der Nahrungsversorgung. Aber keine Kartoffeln ohne Lebensmittelkarten: 1946 gab es Kartoffelkarten und sogar „Kartoffelreisekarten". Eine halbe Tagesmenge bestand aus 250 Gramm Kartoffeln. Kartoffeln wurden oft auf dem Dachboden gelagert, weil dort die Gefahr nicht so groß war, daß sie gestohlen wurden. Im Frühjahr

1946 wurden im Kreis Lauterbach Hofbegehungen angeordnet, bei denen der Umfang der Kartoffellager festgestellt wurde. Ebenso wurden Lagerort und Zustand von Kartoffelmieten kontrolliert. Als Anfang Oktober 1946 der Hunger in der Bevölkerung Deutschlands erheblich zunahm, veröffentlichte der Landrat für den Kreis Lauterbach eine Anweisung, die eine Einkellerung von Kartoffeln vorsah: 2 1/2 Zentner erhielt jede Person über drei Jahren.

Viele Menschen aus den Städten fuhren mit der Bahn oder mit dem Fahrrad aufs Land, um zusätzlich Kartoffeln zu hamstern. Dabei wechselten oft Tauschwaren den Besitzer – Tischtücher, Besteck, Schmuck gegen Kartoffeln. In Rucksäcken und Taschen brachten die Städter die Kartoffeln heim. Am Sonntagabend nahm der Vogelsbergzug (Strecke Lauterbach – Frankfurt/ Main über Stockheim) viele Menschen auf, die ihre gehamsterten Kartoffeln nach Hause schafften. Günstig für den Fahrtransport waren die Wagen für „Reisende mit Traglasten". Sie besaßen große Abteile mit Wandbänken, so daß man die Kartoffeln auf die zimmergroße Bodenfläche der Wagen abstellen konnte. Näherten sich die Züge den Heimatstädten, wurden sie immer voller. Viele Menschen hielten sich auf den Trittbrettern fest oder standen eng zusammengedrückt auf den Plattformen der alten Wagen. Der Hunger trieb viele Men-

schen auch zum „Kartoffel-Stoppeln". Dabei wurden die abgeernteten Äcker mühsam mit dem „Karsch" (Karst) oder einem verwandten Gerät durchgehackt. War Kartoffelernte, warteten oft schon Hunderte von Leuten am Feldrand wie die Ameisen. Alle stürzten nach der Ernte mit Taschen und Eimern aufs Feld. Gestoppelt wurde auch nach der Getreideernte: Man lief mit gebeugtem Kopf Stück für Stück die Äcker ab und sammelte auf, was sich noch auf oder in der Erde verbarg.

Natürlich wurde auf den Kartoffeläckern viel geklaut. Deshalb stellten die Bauern auf den Feldern Wachen auf.

Im Herbst halfen viele Städter Verwandten und Bekannten auf dem Dorfe. Wer Kontakt zur Landbevölkerung hatte, konnte sich glücklich schätzen. Je nachdem wie lange der Ernteeinsatz gedauerte hatte, erhielt man einen Korb oder auch einen Sack voll Kartoffeln.

1947 war auch in den Kleinstädten der Hunger so groß, daß die Blumenbeete der Vorgärten verschwanden und man auch hier im Frühjahr Kartoffelreihen häufelte. Kartoffeln wurden sogar in öffentlichen Anlagen angepflanzt, und ein Großteil der Fläche in den Kleingärten waren Kartoffeläcker.

Bereits 1945 war auch bei den Bauern das Brotmehl knapp geworden. Nicht wenige aßen morgens schon Röstkartoffeln und ein Stück Brot dazu. Der „Muckefuck", Gerstenkaffee, war Bohnenkaffee-Ersatz.

Karl-August Helfenbein

Kartoffelferien

Als ich im Jahr 1946 eingeschult wurde, gab es im Oktober „Kartoffelferien" Diese zwei Wochen waren ausschließlich für die Kartoffelernte gedacht. Die meisten Bauern und ihre Helfer zogen dann schon nach Tagesanbruch auf die Felder und abends nach getaner Arbeit wieder zurück in das Dorf. Vor uns standen drei Körbe, in die die Kartoffeln einsortiert wurden: dicke Kartoffeln, Pflanzkartoffeln und Schweinekartoffeln, das waren die kleinen und die beschädigten Kartoffeln.

Überall in der Gemarkung brannten die Kartoffelfeuer. War die Kartoffelernte wohlbehalten in den Kellern, dann gingen wir Kinder auch wieder zur Schule. Hier war es schön warm und wir konnten uns ausruhen.

Bald ging dann allerdings das Wandern wieder los. Die mobile Lohn-Kartoffel-Dämpf-Kolonne mit Maschinist und Heizer rumpelte über das Dorfpflaster. Das Ungetüm dampfte und ratterte und spuckte Berge von gedämpften Kartoffeln aus. Wir Kinder hatten uns vorsorglich mit Salztüten aus dem Tante-Emma-Laden versorgt und versuchten nun, die schönsten und dicksten Kartoffeln zu ergattern und so vorsichtig wie möglich zu pellen. Jetzt gab's zur Abwechslung mal gut gefüllte, warme Bäuche!

Dorothea Ender, Rockenberg

Kartoffelernte

Wir Kinder mußten die Kartoffeln in Weiden- oder Drahtkörbe klauben. Dann kamen sie in Säcke oder wurden gleich so auf den Wagen geladen.

War der Wagen voll, ging's weiter in den Hof. Viele Keller hatten ein „Kartoffelloch"; wenn nicht, mußten die Säcke in den Keller getragen werden. Im Keller kamen die Kartoffeln auf Horden – also Behälter aus Metall mit Maschengeflecht. Manche Nachbarn nahmen aber auch nur einfache Holzkisten. Viele von ihnen hatten auch Kartoffelmieten. Dafür mußte man im Garten oder in einem nahen Feld ein breites Loch graben. Die Kartoffeln kamen hinein und wurden mit Erde, Stroh und Brettern bedeckt. So konnte kein Schnee eindringen, und die Knollen faulten nicht. Wurde es zu kalt, kam noch Mist auf die Mieten, um Frostschäden zu verhindern. Dieter Gros, Frankfurt

Die Dämpfkolonne

Als die Dämpfkolonne noch durchs Dorf zog, verlebte ich meine Kindheit in einem kleinen Dorf im Waldecker Uppland. Einmal stand die Kolonne auf unserem Nachbarhof. Ich ging noch nicht zur Schule, hatte also viel Zeit und verfolgte blau gefroren das Geschehen. Beim Ausleeren der Kessel für das Silieren fielen natürlich auch einige Kartoffeln daneben. Die Bäuerin hatte die Aufgabe, diese aufzuklauben und ins Silo zu befördern. Ich rief bewundernd: „Däi kannst dou alle fräiten!" Lachend erzählte „Bisingschmidts Tante" – so wurde diese Bäuerin von uns genannt – noch nach Jahren diese Geschichte, und ich schämte mich dann regelmäßig!

Erna Langer

„Selbstverdiente" Kartoffeln

In meiner Jugend kaufte man die Kartoffeln nicht einfach im Supermarkt: Wir mußten sie uns „verdienen". Das heißt, die Frauen und wir Kinder gingen mit den Bauern aufs Feld zur Kartoffelernte. Das machte sehr viel Spaß, denn wir arbeiteten in einer großen Gemeinschaft. Kindergärten gab es noch nicht, und so verbrachte ich bereits im Vorschulalter manchen schönen Herbsttag auf dem Kartoffelacker. In früherer Zeit wurden die Kartoffeln mit dem „Korscht" ausgehackt. Später kam ein Spezialpflug auf, der „Roijseler", der von Kühen durch die Reihen gezogen wurde. Er hob die Kartoffeln aus der Erde, sie wurden dann von uns Kindern aufgelesen. Die Eltern „korschteten" jede Reihe anschließend durch, damit keine Kartoffel steckenblieb.

Gevespert wurde natürlich auch draußen in der Natur. Es gab kräftiges Bauernbrot, riesige Scheiben vom runden Laib, bestrichen mit Schmiekäs'. Wenn wir Kinder hineinbissen, hing der Schmierkäs' oft an der Nase, und auch die Ohren bekamen etwas ab. Dazu gab es dünnen schwarzen Kaffee aus Gerste oder Zichorien. Gut gestärkt ging es weiter, bis lange Reihen gefüllter Säcke auf den Abtransport warteten. Aufgeladen wurden sie aufs Pferdefuhrwerk. Wir Kinder waren stolz, wenn wir hoch oben zwischen den Kartoffelsäcken aufsitzen durften. Die Septemberabende waren oft schon empfindlich kühl. Nebelschwaden begleiteten uns auf dem Weg zurück ins Dorf.

Christa Gombel

Die gute alte Kochkiste:
„Will man eine Kochkiste fertigen, so nehme man eine Holzkiste mit gut schließendem Deckel, lege auf den Boden der Kiste eine dicke Schicht recht fest gestampfte Holzwolle, Heu oder auch Zeitungspapierschnitze. Auf diese Schicht stelle man zwei möglichst geradwandige Kochtöpfe und stopfe um diese herum alle Zwischenräume, auch die Ecken der Kiste recht fest mit dem gleichen Material aus. Das Kissen zum Zudecken der Töpfe muß auch ziemlich fest gestopft sein und gut passen. Ist die Kochkiste soweit fertiggestellt, so werden die Kochtöpfe herausgenommen und das Innere der Kiste und die Holzwolle mit Stoff überzogen.

Alle Speisen, die man in der Kochkiste garmachen will, müssen auf dem Herd angekocht werden. Man rechnet zum Ankochen ein Viertel der ganzen Kochzeit. Der Topfdeckel darf in den letzten drei Minuten nicht vom Topf genommen werden. Das Gericht muß stark kochen, wenn es in die Kochkiste gestellt wird, und der Kistendeckel muß sofort geschlossen werden.
Die Kochkiste spart nicht nur Feuerungsmaterial, sondern auch Zeit, da bei den in der Kochkiste gegarten Speisen ein Anbrennen oder Überkochen vollständig ausgeschlossen ist."

Aus einem
Kriegskochbuch 1915

Kinderrätsel

Ich gab dem Hans zwei Eierlein, die legt' er in ein Nest hinein, warf dann ein Häufchen Erde drauf und ließ dem Dinge seinen Lauf

Als später er das Nest besah, wohl zwanzig Eier fand er da und konnte doch kein Huhn hinein
– was mochten das für Eier sein?

„Kartoffelgebabbel"

Das „Kadoffelduch"

Eine alte Nachbarin lehnte sich kürzlich bei uns über den Zaun und beklagte sich:

„Alle Leit brouche de Owwet net offsewaesche, nur mir, weil he net met ens esst." (Alle Leute brauchen abends nicht Geschirr zu spülen, nur wir – weil ER nicht mit uns ißt.)

Das machte mich neugierig, denn in der „alten Zeit", um die es ging, gab es noch keine Spülmaschine. Ich frage deshalb: „Bie war da dos, lisse die Leit es Offgewaesch steh bis de annen Doag?" (Wie war denn das möglich, ließen die Leute das schmutzige Geschirr stehen bis zum nächsten Tag?) Daraufhin erfuhr ich vom „Kadoffelduch", man kann es auch Kartoffeltuch oder Kartoffeltischtuch nennen. Und dieses Kartoffeltuch war in meinem Heimatort Dirlammen im Vogelsberg in allen Haushalten in Gebrauch.

Dazu muß man zunächst einmal wissen, daß die „Noachtsopp" – das Abendessen – im Winter meist aus „Ronde Kaddoffel", also Pellkartoffeln, bestand. Dazu wurde Matte (Quark) oder auch „Dejt" – eine helle Tunksoße – gegessen. Die Runde um den Tisch war ja in den meisten Familien recht groß: Eltern, Kinder, Großeltern, ledige Onkel und Tanten, um nur die Familienangehörigen aufzuzählen; dazu kamen dann oft noch die Saisonarbeiter auf dem Hof.

Vor der „Noachtsopp" wurde das Kartoffeltischtuch aus grobem Leinen auf den Tisch gelegt. In wohlhabenderen Haushalten war das Kartoffeltuch auch mit Blaudruck verziert. In die Tischmitte stellte man einen eisernen Dreifuß, auf dem die „Matteschessel", also die Schüssel mit Quark, ihren Platz fand und auch die „Pann owwer de Diechel merrem Dejt" – damit war die Pfanne oder der Tiegel mit der Soße gemeint. Wenn nun die Hausfrau mit dem Kartoffeltopf kam, hob jeder, der um den Tisch saß, den Rand des Tuches an, und die Kartoffeln wurden auf den Tisch geschüttet. Das Leintuch schützte die rohe Holzplatte des Küchentisches. So ein Tisch war damals sehr praktisch: Die Gabeln holte sich jeder aus dem „Deschkaste", also der Schublade. Die Männer hatten die Messer in der Hosentasche, die Frauen benutzten ihr „Knejpche" (Küchenmesserchen), das sich ebenfalls im „Deschkaste" befand. Jeder schälte nun seine Kartoffeln und tunkte sie dann in die Beilage in der Tischmitte. Nach dem Essen wurden Messer und Gabel am Tischtuch abgewischt und verschwanden wieder in den Hosentaschen und im „Deschkaste". Auf dieser Art brauchte man weder Teller noch Bestecke zu spülen. Und auch das „Kadoffelduch" wurde natürlich nicht jeden Tag gewaschen. Nur die Familie der eingangs erwähnten Nachbarin konnte die praktische Erfindung nicht voll nutzen, weil EIN Familienmitglied, aus welchen Gründen auch immer, nicht am gemeinsamen Abendessen teilnahm. Deshalb mußte man „emmer extra en Deller vollhän'ge", also immer extra einen Teller schmutzig machen!

„Kadoffelsloch"

Eine praktische Einrichtung in den alten Häusern auf den Dörfern waren die „Kadoffelslöcher", auch Kellerloch oder Runkelsloch genannte. Die Keller der Häuser waren ja oft sehr niedrig, so daß man in ihnen nicht aufrecht stehen konnte. Deshalb befanden sich in den Stubenfußböden viereckige Öffnungen, die mit einem Deckel aus Holz verschlossen waren. Durch diese Löcher wurden bei der Ernte einfach die Kartoffeln von oben in den Keller hineingeschüttet. Waren die Kartoffelkeller sehr voll, ließen sich die Erdfrüchte leicht wieder aus dieser Öffnung entnehmen, ohne daß man die Kellertreppe hinun-

tersteigen mußte. Auch als „Haustelefon" waren die Kartoffellöcher übrigens hervorragend geeignet. Wurde ich zu meiner Kinderzeit in den Keller geschickt, um der Mutter verschiedene Dinge zu holen, konnte es leicht passieren, daß ich etwas vergaß. Dann brauchte ich nur das Kadoffelsloch in der „Kechekammer" (Kammer hinter der Küche) aufzumachen, um nachzufragen. Sollte ich noch etwas mitbringen, was mir vorher nicht aufgetragen worden war, funktionierte unser Haustelefon natürlich auch in entgegengesetzter Richtung!

Die „Dejt"

Also, erst einmal muß man eine Aussprache-Übung machen: „Dejt" wird wie beim schwedischen „Hej" gesprochen. Dejt ist kein bestimmtes Gericht. Eigentlich müßte man es mit „Tunke" übersetzen, denn es ist vom Tätigkeitswort „dejde" im Sinn von „eintunken" abgeleitet. „Dejde" im Sinne von „deuten, zeigen" hat vom Ursprungswort her nichts mit dieser Tunke zu tun, auch wenn beim Essen schon mal eine Spur auf dem Tisch vom Tiegel zum Esser weist.

Beispiel:
„De Obba dejt sein Waeck inn Kaffee", also: „Der Opa tunkt seinen Weck in den Kaffee."
In Frischborn im Vogelsberg wird die „Dejt" als „Weich" bezeichnet.
Aber wie wird sie nun eigentlich hergestellt?

Es gibt verschiedene Tunken, die als „Dejt" bezeichnet werden. Die einfachste Form ist die „Speckdejt" aus ausgelassenen Speckwürfeln. Auch eine mit Milch verlängerte Schwitze aus Mehl und Schweinefett wird als „Dejt" bezeichnet. Die gehaltvollste Variante, die bei uns heute noch sehr gerne gegessen wird, ist die „Borchans- oder Zwibbelsdejt". Hierfür werden Dörrfleischwürfel in einer Pfanne ausgelassen, kleingeschnittene Zwiebeln und/oder kleingeschnittener Lauch („Borchan"= Porree) darin gedünstet, mit etwas Wasser abgelöscht und mit Gewürzen abgeschmeckt. Dann braucht man diese Dejt nur noch anzudicken; dazu etwas Mehl in Wasser anrühren, unter die Dejt rühren und die Tunke noch einmal durchkochen. Die Dejt ist in jeder Variation eine ideale, althergebrachte Beigabe zu Pellkartoffeln.

Walter Hansel

Kartoffelmehl – eine feine Sache!

Beim Ausdrücken der rohen Kartoffeln für Kartoffelklöße entstand Kartoffelmehl. Das Kartoffelwasser wurde nicht etwa weggeschüttet, sondern sorgsam aufgehoben. Das Mehl sank nach einiger Zeit auf den Topfboden. Man mußte so lange immer wieder täglich frisches Wasser zugeben und abschütten, bis das Kartoffelmehl ganz weiß und zart war. Dann ließ man es noch einmal durch ein Kaffeefilter rinnen und anschließend auf weißen Leinentüchern in der Sonne trocknen.

Das Kartoffelmehl verwendeten unsere Großmütter für Frucht- und Milch-Flammeris und für feine Cremes. Man rechnete für Obstsaft, den man mit 2 Teilen Wasser verdünnte und mit Zucker abschmeckte, auf je einen Liter Flüssigkeit eine kleine Tasse Kartoffelmehl. Das Kartoffelmehl wurde mit etwas kaltem Wasser angerührt und in die siedende Flüssigkeit gegeben. Die Flammeris ließen sich mit Zitronenschale und Salz weiter verfeinern. Wenn man der Milchcreme Eier beifügte, mußte man das Kartoffelmehl entsprechend reduzieren. Kartoffelmehl war und ist auch ein idealer Ersatz für den heutigen Soßenbinder. Manch findige Frau ließ statt Mehl übrigens auch rohe Kartoffeln 5 Minuten in der Soße mitköcheln. Die Kartoffelstücke wurden dafür in ein sauberes Söckchen gesteckt, welches man dann in die Soße hängte.

Vor allem aber kam das Kartoffelmehl als Stärke zum Einsatz! Was wären all die gestärkten Vorhemden, Schürzen, Blusen, Schleifen und Kragen ohne die gute alte Kartoffelstärke gewesen. Zum gestärkten Kragen gab's in Hessen sogar einen frechen kleinen Spruch:

„Er steht mir net,
er steht mir net –
Kreuz, Himmel, Firmament!
Er steht mer net,
er steht mer net,
der Kragen von mei'm Hemd!"

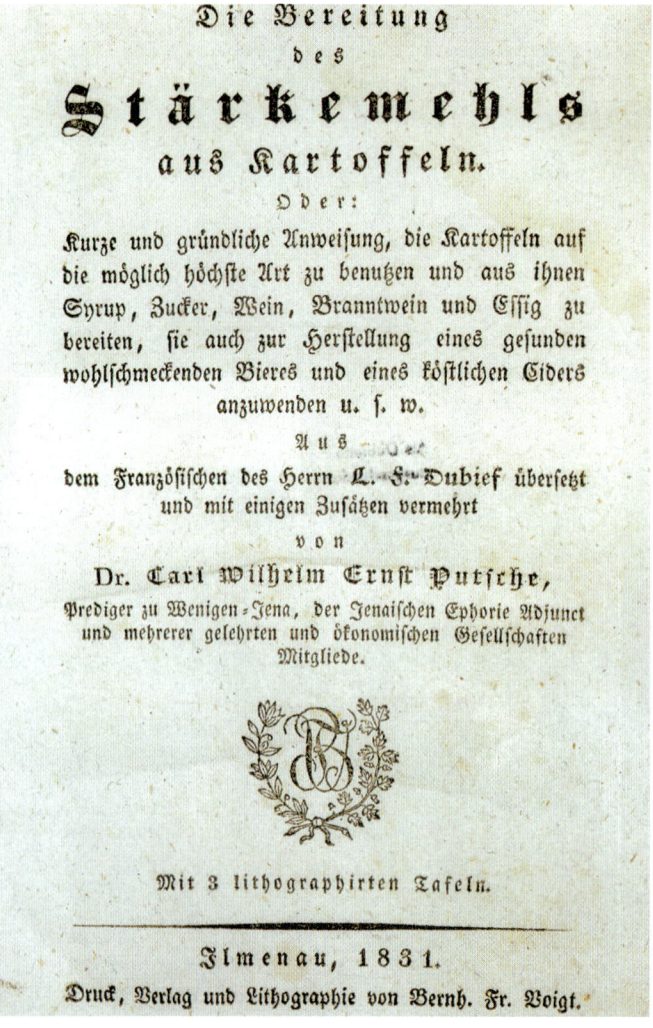

Die Bereitung des **Stärkemehls** aus Kartoffeln.

Oder:

Kurze und gründliche Anweisung, die Kartoffeln auf die möglich höchste Art zu benutzen und aus ihnen Syrup, Zucker, Wein, Branntwein und Essig zu bereiten, sie auch zur Herstellung eines gesunden wohlschmeckenden Bieres und eines köstlichen Ciders anzuwenden u. s. w.

Aus dem Französischen des Herrn L.-Fr. Dubief übersetzt und mit einigen Zusätzen vermehrt von Dr. Carl Wilhelm Ernst Putsche, Prediger zu Wenigen-Jena, der Jenaischen Ephorie Adjunct und mehrerer gelehrten und ökonomischen Gesellschaften Mitgliede.

Mit 3 lithographirten Tafeln.

Ilmenau, 1831.

Druck, Verlag und Lithographie von Bernh. Fr. Voigt.

Ziegenhainer Salatkirmes

Zwei Wochen nach Pfingsten wird alljährlich die berühmte „Ziegenhainer Salatkirmes" gefeiert. Entstanden ist dieses traditionsreiche Fest aber durch die Kartoffel! Im Jahre 1728 faßte nämlich Landgraf Karl im Schloß Ziegenhain einen trickreichen Entschluß: Er wollte seine Bauern auf besondere Weise für den Anbau von Kartoffeln gewinnen. Da sie nämlich an dem fremdländischen Gewächs nicht sonderlich interessiert

waren („Was der Bauer net kennt, frißt er net!"), griff er zu einer List. Er lud sie zum Salatessen nach Ziegenhain ein. Zum Salat gab's reichlich Bier – und Kartoffeln! Da der Salat den Bauern ausgezeichnet schmeckte, freundeten sie sich über diesen Umweg auch mit den Kartoffeln an. Das Fest, das im 18. Jahrhundert entstand, hat sich bis heute erhalten.

In Erinnerung an das fröhliche Salatessen

treffen sich in jedem Jahr die Menschen der Schwalm in Ziegenhain mit ihren Verwandten, Freunden und Bekannten. Den Höhepunkt der Salatkirmes bildet der große Trachtenfestzug, der am Kirmessonntag um 13.30 Uhr beginnt und stets unter einem besonderen Motto steht. Hunderte von Trachtenträgern präsentieren ihre farbenprächtigen Trachten, die ja in der Schwalm von ganz besonderer Ausdruckskraft sind.

Kartoffel-Basteleien

Schön gedruckt mit Kartoffeln

Eine schöne Beschäftigung, mit der auch schon unsere Großmütter und Großväter als Kinder sich die Zeit vertrieben, ist der Kartoffeldruck. Mit ihm lassen sich übrigens auch für Erwachsene sehr schöne Dinge herstellen.

Und so geht's:
Rohe Kartoffeln werden ungeschält in zwei Hälften geteilt. Nun malt man auf jede Hälfte einen dicken Buchstaben oder ein einfaches Muster. Mit dem Messer nun soviel wegschneiden, daß der Buchstaben oder das Muster als erhabener Stempel stehenbleiben.

Eine andere reizvolle Möglichkeit ist der Einsatz von kleinen Ausstechförmchen. Wir haben es einmal mit welchen aus der Gastronomie probiert: Dort gibt es kleine Förmchen zum Ausstechen von Suppeneinlagen, winzige Tiere, Ornamente und ähnliches. Ebenso gut eignen sich Ausstechförmchen aus der Puppenküche – nur klein müssen sie eben sein! Die Förmchen mit der scharfen Seite auf die Kartoffelhälfte drücken und dann mit einem scharfen Messer vorsichtig soweit rundherum Kartoffel abschneiden, daß in der Mitte das Förmchen stehenbleibt. Förmchen abziehen – fertig ist der Stempel!

Nun etwas Plakafarbe in ein flaches Schüsselchen geben. Wer mit Tinte oder Lebensmittelfarbe arbeiten möchte, füllt die Farbe am besten auf ein Stückchen Schwamm. So läßt sich vermeiden, daß die dünnflüssigere Farbe tropft. Wer sich für haltbare Stoff-Farbe entscheidet, muß den Stoff nach dem Drucken mit

einem heißen Bügeleisen fixieren, sonst wäscht sich die Farbe später wieder aus.
Nun geht's aber erst einmal ans Drucken!
Die Stempelfläche der Kartoffel in die Farbe oder auf den Schwamm drücken. Nun kann man ganz nach Belieben Papier oder Stoff damit bedrucken. Der Phantasie sind keine Grenzen gesetzt: Man kann aus Figuren eine kleine Landschaft oder Szene entstehen lassen.
Buchstaben reihen sich zu Namen aneinander. Aus einfachen Formen wie Kreisen, Dreiecken

oder Sternchen kann man hübsche Muster zusammensetzen.
Ja – und wozu kann man nun kartoffelbedrucktes Papier oder Stoff gebrauchen? Nun, für allerhand: Denken Sie zum Beispiel an liebevoll bedruckte Stoff- oder Papierservietten – vielleicht unter dem Motto „Herz". Stofftaschen sehen mit Kartoffeldruck gleich ganz persönlich aus, T-Shirts werden zu einem besonderen Geschenk, ganze Tischdecken, ja sogar Gardinen kann man zu einem kleinen Kunstwerk machen!
Ganz besonders eignet sich Kartoffeldruck natürlich auch für die Gestaltung von Briefpapier – ob man nun ein farbiges Symbol auf Briefkopf und Umschlag druckt oder den Anfangsbuchstaben seines Namens. Mit der Kartoffel lassen sich, wie man sieht, wirklich persönliche und passende Weihnachtsgeschenke zaubern.

Kartoffeldruck beim „Kartoffelfest"

Die Schriftstellerin Christine Brückner lud einmal zu einem Kartoffelfest ein: Alle Einladungen waren im Kartoffeldruck hergestellt und wurden mit einem Kartoffelgedicht abgerundet. Beim Fest gab es den Kartoffelkanon von Bach, zweistimmig. Groteske Kartoffelplastiken schmückten den Tisch, und natürlich gab es Kartoffeln in jeder Form: Pellkartoffeln, Petersilienkartoffeln, Kartoffeln in Folie, Stampfkartoffeln und den dazugehörigen Kartoffelschnaps. Ein heiteres Erntedankfest.

Kartoffel-Puppenspiel

Eine lange Tradition hat das Kartoffeltheater, an dem auch heute noch Kinder Spaß haben. Jede Kartoffel besitzt ja ein anderes „Gesicht"; man muß sie nur ganz genau anschauen. Diese Unterschiede macht man sich beim Kartoffeltheater zunutze. Man braucht dazu Kartoffeln mit möglichst ulkigen Auswüchsen, „Nasen" oder anderen Unregelmäßigkeiten. An einem Ende der Kartoffel wird nun ein Loch ausgehöhlt, in das der Zeigefinger hineinpaßt. Nun ein Kartoffelgesicht bemalen und zurechtschnitzen. Die Figuren des Spiels bekommen auch noch „Haare" aus Bindfäden, Bast oder Wolle. Für die Kostümierung nimmt man einen alten Handschuh oder auch nur ein viereckiges Tuch. Den Stoff über den Zeigefinger legen und dann den stoffumwickelten Finger in das Kartoffelloch, den „Hals" stecken. Fertig! Auf diese Weise läßt sich ein ganzes Puppentheater basteln. Und nun fehlt nur noch das passende „Kartoffelstück" – und das muß schnell geschrieben werden, denn ein Kartoffeltheater ist ein vergängliches Spielzeug!

Kartoffel als Blumentopf

Eine große Kartoffel wird an einer Spitze ausgehöhlt. Nun etwas feuchte Watte in die Höhlung stopfen.

Das untere Ende der Kartoffel schneidet man gerade ab und stellt die Knolle in eine kleine Schale mit Wasser. Auf die Watte werden jetzt einige Gras- oder auch Blumensamen gestreut. Wird die Watte täglich befeuchtet, bekommt die Kartoffel bald „grüne Haare".

Kartoffelspiele

Kartoffelkinn

Die Spieler bilden einen Kreis. Ein Mitspieler klemmt sich eine große Kartoffel unter das Kinn. Diese Knolle muß nun von Kinn zu Kinn wandern, ohne daß die Hände zu Hilfe genommen werden. Wer die Kartoffel fallen läßt oder mit den Händen nachhilft, scheidet aus.

Heiße Kartoffel

Alle Spieler sitzen im Kreis und lassen eine Kartoffel im Uhrzeigersinn kreisen. Dazu hat der Spielleiter das Radio angestellt oder spielt auf einem Instrument. Hört die Musik plötzlich auf, scheidet der Spieler aus, in dessen Hand sich die Kartoffel gerade befindet. Das Spiel geht so lange weiter, bis nur noch der Gewinner übrig ist.

Kartoffellauf

Die Spieler bilden zwei Mannschaften und bauen sich hintereinander an der Startlinie auf. Vor jeder Mannschaft steht ein Korb mit gleich vielen Kartoffeln. Etwa 30 Meter weiter entfernt stehen zwei leere Körbe. Auf „Start" müssen die Spieler der Mannschaften die Kartoffeln auf einen Löffel legen und nacheinander in den leeren Korb balancieren. Es beginnt jeweils der Spieler vorn in der Reihe. Er gibt nach vollbrachter

Tat den Löffel weiter. Fällt eine Kartoffel herunter, muß sie wieder auf den Anfangshaufen gelegt werden.

Kartoffellieder

Kartoffel sin' mei' Leibgericht
(Hans-Peter Langlotz)

Ja, der Kolumbus war en kluge Mann
entdeckt Amerika
doch daß mer Gold un' Geld net esse' kann
Des woar dem aach schon klar.

Refrain:
Kartoffel sin' mei' Leibgericht
Kartoffel misse' sei'
ich sag's halt jedem in's Gesicht
Un red' net um de haaße Brei
Ich sag's halt jedem in's Gesicht:
Kartoffel misse' sei!!!

Un' geh ich in ein Restaurant (Restauraa)
Un' les' die Speisekart'
Un' nirgends stehn Kartoffel da,
Da bin ich glei' schon satt.

Refrain

Die Bratkartoffel, ein Genuß,
Weil ich se soo gern ess'
Dem Liebche sag' en scheene Gruß
Daß ich se nie vergess'.

Refrain

Jeden Tag Kartoffeln
(Melodie: Auf der Schwäb'schen Eisenbahne)

Einst hat mal der Alte Fritze –
daß es jedem Deutschen nütze –
streng befohlen: „Jedermann
baut sofort Kartoffeln an!"

Refrain:
Trulla, trulla, trullala,
trulla, trulla, trullala,
streng befohlen: „Jedermann
baut sofort Kartoffeln an!"

Alle Menschen, groß' und kleine,
leben nicht vom Brot alleine.
Auch Kartoffeln müssen sein,
denn sie schmecken immer fein.

Montags weiß ich, was ich koche,
s'ist der erste Tag der Woche,
Montags gibt's Kartoffelbrei,
Speck und Zwiebeln auch dabei.
Dienstags, möcht' ich Euch vertellen,
muß ich die Kartoffeln pellen,
Dienstags schmeckt ganz delikat
die Kartoffel als Salat.

Mittwochs woll'n wir mal versuchen
den Kartoffel-Reibekuchen.
Mittwochs steht auf unserm Tisch
leck'rer Puffer, kroß und frisch.

Donnerstags, da koch' ich Klöße,
alle von derselben Größe.
Donnerstags schmeckt tadellos
die Kartoffel uns als Kloß.

Freitags brauch ich die Friteuse,
daß ich drin das Fett auflöse.
Freitags, ja, das ist kein Witz,
gibt's Kartoffeln als Pommes frites.

Samstags essen Ruth und Stoffel
gerne unsre Bratkartoffel.
Samstags putzen alle weg
Bratkartoffeln mit viel Speck.

Und am siebten Tag der Woche
ich mal Salzkartoffeln koche.
Sonntags wir gar fröhlich „mampfen",
wenn die Salzkartoffeln dampfen.

Mancher rühmt mit großen Worten
auch noch die Kartoffeltorten.
Auch daran sieht jedermann,
was man mit Kartoffeln kann.

D'rum woll'n wir in munt'ren Weisen
immer die Kartoffel preisen
wie in diesem Liedchen noch:
„Die Kartoffel lebe hoch!"

…raus aus de Kartoffeln

Der unzefrerre Andres

Der Andres micht Kadoffle aus;
Er broocht se bahl nit all noch Haus.
„Eich hunn aach schi gedingt - kaa Wunner!
Recht vill sinn's, nor kaa dicke drunner;
Des sinn jo nor die reinste Klicker!"

Des anner Johr do worn se dicker:
„Was hot mer jetzt vor all sei Meuh?
Nit emol klaane vor die Säu!"

Solang wir die Kartoffelfrucht
in unserem Lande sehen
kann keine große Hungersnot
aus Mißwachs mehr entstehen

Gott hat sie wie das liebe Brot
zur Nahrung uns gegeben
wieviel Millionen Menschen sind
die von Kartoffeln leben,.

F. Sauter

Nein, mit Schmalz.

Es müssen alte mit fingernden Keimen sein.
Im Keller, auf trocknem Lattenrost,
wo das Licht ein Versprechen bleibt von weither,
haben sie überwintert.
Vor langer Zeit, im Jahrhundert der Hosenträger,
als Lena die Streikkasse unter der Schürze
schon in den sechsten Monat trug.

Ich will mit Zwiebeln und erinnertem Majoran
einen Stummfilm flimmern, in dem Großvater,
ich meine den Sozi, der bei Tannenberg fiel,
bevor er sich über den Teller beugt, flucht
und mit alle Fingern knackt.

Doch nur geschmälzt und in Gußeisen.
Bratkartoffeln mit
Schwarzsauer und ähnlichen Mythen.
Heringe, die sich in Mehl freiwillig wälzen
oder bibbernde Sülze, in der gewürfelte Gürkchen
schön und natürlich bleiben.

Zum Frühstück schon aß Otto Stubbe,
bevor er zum Schichtwechsel auf die Werft ging,
seinen Teller voll leer;
und auch die Sperlinge vor den Scheibengardinen
waren schon proletarisch bewußt.

Günter Grass

Morgens rund
mittags gestampft
abends in Scheiben
dabei soll's bleiben
es ist gesund....

Johann Wolfgang von Goethe

Michaele Scherenberg und Karl-Heinz Stier werden gern als das „Hessen-Paar" im hr-Fernsehen bezeichnet. Mit ihren Sendereihen „Hessen à la carte", „In Hessen unterwegs", „Hessen feiern Feste" und „Hessen – wie es singt und klingt" erzielen sie mit die höchste Zuschauer-Resonanz aller Fernseh-Seriensendungen im hessen fernsehen. Michaele, in Schwaben aufgewachsen, möchte Hessen nicht mehr missen, und Karl-Heinz, ist ein hessisches Urgestein. Die beiden unterhalten und informieren die Zuschauer über hessisches Eigenleben, Traditionen und Besonderheiten. Seit 1983 arbeiten die beiden mit ihren recht unterschiedlichen Temperamenten zusammen, immer mit Zuschauern und nie von ihnen abgehoben. Neben dem „großen Kartoffelbuch" haben sie die Kochbuchserie „Hessen à la carte" Band 1 bis 3 sowie das „hessische Apfelbuch" und das einzige Handkäs-Rezeptbuch mit über 80 Rezeptvorschlägen, alle im Eichborn Verlag, veröffentlicht.

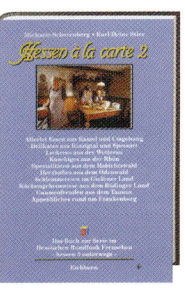
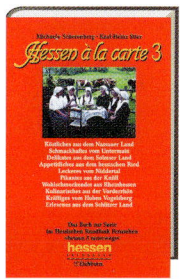

Rezept-Register

Zeit zum Ernten